상상 초월
식물 능력 도감

글 이시이 히데오 ● 그림 시모마 아야에 ● 감수 이나가키 히데히로 ● 옮김 김현정

웅진주니어

우리 주변을 둘러보면 어디에서나 쉽게 식물을 볼 수 있어요.
숲속의 나무, 공터의 화초, 공원 화단에 핀 꽃들,
뜰이나 베란다의 화분, 가로수도 모두 식물이죠.
심지어 아스팔트 틈에서도 수많은 식물이 자라고 있는 것을 볼 수 있어요.
여러분은 이런 식물에 대해 얼마나 알고 있나요?
그저 모두 똑같은 풀이라고
생각하지는 않았나요?
그런데 식물에는 우리가
상상하지 못할 놀라운 비밀이
숨어 있어요.

'루피너스'는 작은 꽃망울이 모여
하나의 꽃이 되는 아름다운 식물이랍니다.
꿀을 따라 온 곤충의 몸에 꽃가루가 묻으면,
루피너스의 꽃잎은 파란색으로 변해요.
어떻게 꽃잎의 색이 변하는 걸까요?

'애기장대'는 곤충이
자신의 몸을 갉아 먹는 걸 알아차리고
스스로 곤충을 쫓아낼 수 있어요.
식물은 움직이지 못하는데
어떻게 곤충을 쫓아낼까요?

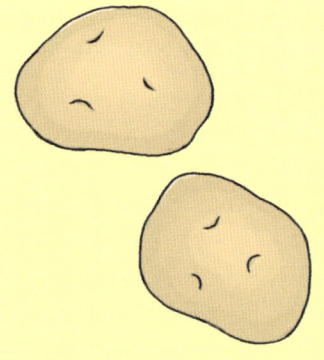

우리가 자주 먹는 '감자'의 표면을
자세히 본 적이 있나요?
감자에는 싹이 나는 홈이 있는데
이 홈은 나선 모양으로 일정하게
늘어서 있답니다. 신기하지 않나요?
도대체 어떻게 나선 모양을
유지하는 걸까요?

보통 식물은 동물에게 먹히는 존재이죠.
하지만 '끈끈이주걱'은 잎사귀에
붙은 곤충을 잡아먹는 무시무시한 식물이에요.
입도 없는데 어떻게 곤충을 잡아먹을까요?

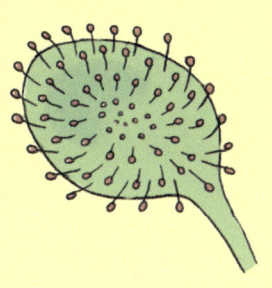

'제비꽃'은 봄에 흔히 볼 수 있는 식물로
귀여운 보랏빛 꽃을 피우지요.
제비꽃은 바람으로는 도저히
닿을 수 없는 머나먼 곳까지
씨앗을 퍼트릴 수 있어요.
그 방법은 과연 뭘까요?

우리나라에서 '칡'은 요리의 재료로 쓰입니다.
건강에도 좋아 약초로도 사용되지요. 하지만 미국에서는
'녹색 괴물'이라고 불리는 골칫덩어리라고 해요.
그 이유가 궁금하지 않나요?

이 책에서는 우리에게 친숙한 식물의 비밀을 파헤칩니다.
상상을 초월하는 놀라운 식물의 능력을 알게 되면,
매일 보던 식물도 아주 다르게 보일 거예요.

등장인물 소개

다로
멋진 식물 탐험가가 꿈인 웜뱃.
식물을 먹는 걸 좋아한다.
먹거리가 사라질까 봐 식물에
대한 공부를 시작했다.
느긋한 성격에 말수가 적다.
야행성이기 때문에 흐린 날을
좋아한다. 아니, 실은 낮잠 자는
것을 더 좋아한다. 세상에서
독수리가 가장 무섭다.

안녕!
나는 다로다.

삐요
왕관 앵무새.
탐험 중에 만난 짝꿍.
친구들과 헤어져 길을
잃었을 때 다로를 만나
함께 식물 탐험을 하기로
했다.

발견한 식물은
기록 노트에
적고 있다.

나무 선생님
다로의 옆집에 살고 있다.
식물에 대해 많은 것을 알고 있는
척척박사이다.

다로의 집

차례

제 1 장 복잡한 속임수의 천재들

- 달콤한 토마토의 비밀은 스트레스? ······ 16
- 스쿼팅 오이는 명사수? ······ 18
- 새처럼 날아가는 풍년화의 씨앗 ······ 20
- 담쟁이덩굴은 빨판으로 움직이는 스파이더맨 ······ 22
- 루피너스에는 꿀 내비게이션이 있다? ······ 24
- 황새냉이의 씨앗은 아주 예민해! ······ 26
- 포도도 더 달게 만드는 음악의 힘 ······ 28
- 물봉선을 상대로 완전 범죄는 불가능! ······ 30
- 광릉요강꽃의 특기는 꿀 있는 척! ······ 32
- 괭이눈 씨앗의 약점은 이것? ······ 34
- 비누 대신 무환자나무 열매? ······ 36
- 석화버들, 개키버들 씨앗은 어디든 갈 수 있어! ······ 38
- 미모사가 왜 잎을 오므리는지 아무도 몰라! ······ 40
- 양벚나무는 관심을 받고 싶어! ······ 42
- 레인트리는 바른 생활 나무! ······ 44

제 2 장 천적을 철통 방어하는 수비수

- 천적을 직접 키우는 친절한 쇠무릎 ······ 48
- 옥수수가 구조 요청을 하는 법 ······ 50
- 벼 닮은 꼴이라 살아남은 강피? ······ 52
- 녹나무 근처에 곤충이 얼씬도 하지 않는 이유 ······ 54
- 약모밀의 무기는 고약한 냄새 ······ 56
- 파인애플은 혀를 녹여! ······ 58
- 민들레는 공격을 당하면 입을 막아 버려! ······ 60
- 애기장대는 자신이 먹히는 소리를 듣는다? ······ 62
- 자신을 보호하는 리마콩의 전략 ······ 64
- 물이 없어도 살아남는 부처손 ······ 66
- 시계꽃의 무기는 가짜 알? ······ 68
- 끈끈이대나물은 이름처럼 끈적끈적해! ······ 70
- 무시무시한 협죽도의 독 ······ 72
- 투구꽃, 식물계 최강 맹독 ······ 74

제 3 장 괴상한 모습의 별난 식물들

- 붉나무는 기생하는 진딧물을 품어 줘! ······ 78
- 감자에 담긴 수학 원리? ······ 80
- 선인장 뾰족한 가시의 정체는? ······ 82

- 호박의 줄기는 용수철 같아! ······ 84
- 풍경뱀무는 고개를 들지 않아! ······ 86
- 미르메코디아와 개미의 완벽한 공생 ······ 88
- 너무 빨리 자라 위험한 바나나 ······ 90

제 4 장 곤충과 동물을 잡아먹는 포식자

- 사라세니아의 놀라운 먹성 ······ 94
- 벌레잡이통풀에 빠지면 나올 수 없어! ······ 96
- 통발과 벌레먹이말의 진공청소기 전략 ······ 98
- 파리지옥이 먹이를 구별하는 방법 ······ 100
- 벌레잡이제비꽃의 반전 ······ 102
- 끈끈이주걱의 달콤한 유혹 ······ 104

제 5 장 영리하게 번식하는 꾀돌이 식물들

- 나도수정초는 바퀴벌레 덕분에 살 수 있어! ······ 108
- 스틸리디움 데빌레 꽃술대의 숨은 능력 ······ 110
- 흉내쟁이 꿀벌난초 ······ 112
- 개미에게 간식을 뿌리는 제비꽃 ······ 114
- 새만을 위한 참빗살나무 씨앗 ······ 116
- 모두를 속이는 엽란의 위장술 ······ 118

- 복수초가 곤충을 부르는 방법 ⋯⋯ 120
- 앉은부채는 스스로 열을 내는 난로? ⋯⋯ 122

제6장 누구보다 강한 생명력을 가진 생존자

- 산불에도 끄떡없는 소나무의 강인함 ⋯⋯ 126
- 밟힐수록 더 강해지는 질경이 ⋯⋯ 128
- 모두 놀란 호장근의 강인함 ⋯⋯ 130
- 큰금계국은 벌금을 내야 해! ⋯⋯ 132
- 술붓꽃, 그늘이지만 문제 없어! ⋯⋯ 134
- 약? 무법자? 칡의 이중생활 ⋯⋯ 136
- 쇠뜨기는 절대 죽지 않아! ⋯⋯ 138
- 망초는 어떤 역경에도 굴하지 않아! ⋯⋯ 140
- 반전 매력 괭이밥 ⋯⋯ 142

더 알고 싶다면! 기이하게 자라는 균류

- 화경버섯은 야광 버섯? ⋯⋯ 146
- 마귀곰보버섯의 치명적 독을 먹는 방법 ⋯⋯ 148
- 외계인일지도 몰라! 바다말미잘버섯 ⋯⋯ 150
- 애벌레의 몸이 동충하초의 집 ⋯⋯ 152

*균류는 버섯, 곰팡이, 세균 등 포자로 번식하는 생물로 식물은 아니지만 특별히 다루었습니다.

중요해요! 꼭 알아야 할 식물 용어

갈잎떨기나무 / 갈잎큰키나무 / 늘푸른떨기나무 / 늘푸른큰키나무
떨기나무는 높이가 3m 이하인 나무, 그 이상은 큰키나무라고 해요.

군생
같은 종류의 식물이 한곳에 무리 지어 사는 것을 말해요.

광합성
빛 에너지를 이용하여 이산화 탄소와 영양분, 산소를 만드는 반응이에요.

귀화 식물 / 자생 식물
귀화 식물은 사람이 해외에서 가져온 식물이 우리나라에서 자리 잡아 자라난 것이고, 자생 식물은 예로부터 한국에서 자란 식물이에요.

기는줄기
땅 위를 기듯이 자라는 번식용 줄기를 말해요.

기생식물 / 숙주 식물
기생식물은 다른 식물에 붙어 영양분을 얻으며 자라는 식물이고, 숙주 식물은 기생식물에게 영양분이 되는 식물이에요.

꽃가루받이
암술에 수술의 꽃가루가 붙는 것으로, 꽃가루받이를 통해 씨앗이 만들어져요.

꽃대
꽃을 피우는 가지인 꽃자루가 달리는 줄기예요.

꽃술대
수술과 암술이 결합하여 생긴 것으로 끝에 꽃가루 덩어리가 매달려 있어요.

꽃턱잎
꽃봉오리를 감싸고 있는 듯한 잎으로, 터지면 꽃을 받치는 부분이 돼요.

늘푸른나무 / 갈잎나무
늘푸른나무는 사계절 내내 잎이 푸르고 1년 내내 잎사귀가 달린 나무이고, 갈잎나무는 낙엽수로, 가을, 겨울에 한꺼번에 잎사귀가 떨어지는 나무를 말해요.

다육 식물
잎사귀, 줄기 또는 뿌리 속에 물을 모아 두는 식물이에요. 대표적으로 선인장이 있어요.

땅속줄기
땅속에서 자라는 줄기로, 땅속에서 싹과 잎이 나요.

번식아
영양분을 저장하고 있는 싹. 조건이 좋아지면 싹을 틔우고 자라요.

샘털
식물의 몸 겉에서 자라는 털로, 독이 있는 특수한 액체가 흘러나와요.

수꽃 / 암꽃
수꽃은 수꽃술을 가진 꽃, 암꽃은 암꽃술을 가진 꽃이에요.

수꽃술 / 암꽃술
수꽃술은 꽃가루를 만드는 기관이고, 암꽃술은 꽃가루를 받아 씨앗을 키우는 기관이에요.

식충 식물
곤충 등을 잡아먹고 소화액을 분비해 그 영양분을 흡수하여 자라는 식물이에요.

암수판그루
암꽃이 피는 그루와 수꽃이 피는 그루가 따로 자라는 식물. 한쪽만으로는 열매를 맺지 못해요.

엽록소
녹색 색소로, 광합성을 할 때 빛 에너지를 흡수하는 역할을 해요.

영양 줄기
광합성을 해 스스로 양분을 만들어 내는 줄기로, 대표적인 영양 줄기에는 '쇠뜨기'가 있어요.

착생 식물
흙에 뿌리를 내리지 않고 다른 나무나 바위 등에 뿌리를 뻗어 자라는 식물이에요.

추파 일년초 (가을에 심는 한해살이 식물)
가을에 싹을 틔워 겨울을 보내고 다음 해에 꽃을 피워 열매를 맺고 여름에 시들어 죽는 풀. 겨울형 한해살이 식물이라고도 해요.

포자 줄기
번식을 위해 포자(생식 세포)를 퍼트리는 줄기예요.

포충낭
식충 식물이 곤충을 잡기 위해 갖춘 주머니 모양의 기관이에요.

한해살이 식물 / 두해살이 식물 / 여러해살이 식물
한해살이 식물은 1년 이내에 시들어 죽는 풀, 두해살이 식물은 2년 이내에 시들어 죽는 풀, 여러해살이 식물은 몇 년이 지나도 시들지 않고 자라는 풀이에요.

제 1 장

복잡한 속임수의 천재들

달콤한 토마토의 비밀은 스트레스?

초음파는 인간에게 들리지 않아.

토마토는 여러 음식에 쓰여, 전 세계에서 사랑받는 친숙한 채소랍니다. 토마토에는 다양한 영양분이 들어 있는데, 특히 감칠맛을 내는 글루타민산이 들어 있어 소스로 많이 사용되죠. 토마토 줄기 안에는 물이 흐르면서 미세한 공기 거품이 터지는데, 이때 초음파가 발생해요. 초음파를 내뿜을수록 글루타민산이 많아져 그만큼 달콤한 맛이 강해지지요. 물을 먹지 못해 스트레스를 받은 토마토에게 물을 약간 주면, 기뻐하며 초음파를 발생시켜 글루타민산을 뿜어낸다고 합니다. 하지만 물을 아예 주지 않으면 토마토가 시들 수 있기 때문에 적당히 물의 양을 조절하는 것이 중요하겠죠?

깨알지식 토마토를 수경 재배(흙을 사용하지 않고 물에서 키우는 것) 하면 줄기당 2만 개 이상의 열매를 맺을 수 있습니다.

| **가지**과 | 여러해살이 식물 | 효요함 ⭐ 2 |

- 서식지   남아메리카가 원산지이고, 전 세계에서 재배됨.
- 크기   높이 약 1m
- 메모   전 세계에서 토마토를 소비하는 양은 1년에 약 1억 2,000만 톤으로 채소 중 세계 1위이다.

스쿼팅 오이는 명사수?

| 박과 | 여러해살이 식물 | 교묘함 ⊢─┼─★ 3 |

- 서식지 지중해 연안
- 크기 높이 30~60cm
- 메모 과즙을 말려 가루로 만들면 효과 좋은 설사약이 된다.

깨알지식 독이 든 과즙이 눈에 튈 수 있으므로 열매를 만지면 위험합니다.

스쿼팅 오이는 줄기가 다른 식물을 감고 올라가는 덩굴성 식물이지만 특이하게 땅바닥을 기듯이 자라요. 여름이 되면 노란색의 꽃을 피워, 꽃가루받이를 한 후 5cm 정도 길이의 열매를 맺습니다. 열매는 럭비공 같은 모양에 딱딱한 털이 나 있는데요. 익을수록 점점 노란색이 되고, 이때 바람 같은 작은 자극에도 줄기에서 쉽게 떨어지며 끝에서 과즙과 씨앗을 발사한답니다. 발사하는 힘이 매우 강해서 씨앗이 거의 2m까지 날아가요.

마치 총알이 발사되는 것 같은 모습으로 날아가기 때문에 '스쿼팅(Squirt, 쏘다) 오이'라는 이름이 붙었죠. 이런 스쿼팅 오이를 집에서 키운다면 집 안 곳곳이 씨앗 폭탄으로 뒤덮이겠죠?

열매가 떨어질 때 과즙과 씨앗을 발사한다.

독

독이 있으니 조심하자삐요!

스쿼팅 오이의 꽃

새처럼 날아가는 **풍년화**의 씨앗

조록나무과 　갈잎떨기나무　　　　　　　　교묘함

- 서식지 대한민국 남부, 일본
- 크기   높이 5~6m
- 메모   같은 종류로 중국의 풍년화, 미국의 조롱나무 등이 있다.

깨알지식 풍년화의 꽃은 아름답고 향기도 좋습니다.

풍년화는 우리나라 남부 지역과 일본에서 흔히 볼 수 있는 나무랍니다.

2~3월, 이른 봄이 되면 노란색 리본을 묶어 놓은 것 같은 모양의 꽃이 피고, 가을엔 달걀 모양의 작은 열매가 열리죠.

잎사귀가 돋기 전에 꽃이 먼저 피고, 추위가 가시기도 전에 산속에서 가장 먼저 꽃을 피우기 때문에 '가장 먼저 피는 꽃'으로 유명해요. 또 꽃이 빨리 피기 때문에 봄이 오는 소식을 먼저 알려 주는 꽃으로 인기가 많아요.

풍년화의 열매는 완전히 여물면 힘차게 터지며 안에서 2개의 검은 씨앗이 튕겨 나와요. 이때 씨앗은 거의 3~9m까지 날아갈 수 있어요. 씨를 뿌리며 번식하는 식물들은 많지만 풍년화의 비행거리는 남다르죠?

풍년화의 꽃

풍년화의 열매

씨앗이 튕겨 나간다.

꽃이 빨리 피니까 풍년화다삐요!

담쟁이덩굴은
빨판으로 움직이는 스파이더맨

공기뿌리를 공기 중으로 뻗어
나무나 벽에 달라붙는다.

담쟁이덩굴은 집 등의 벽면을 뒤덮으며 뻗어 나가는 덩굴 식물로 담벼락 등에서 자주 볼 수 있어 익숙한 식물이죠. 아무리 가파른 벽이라도 쑥쑥 기어올라 뻗어 나가는 담쟁이덩굴이 신기하지 않나요? 문어처럼 빨판이 있는 것도 아닌데 말이에요. 그 비결은 줄기에서 나는 덩굴손에 있답니다. 담쟁이덩굴 덩굴손의 끝은 둥그스름하게 부풀어 빨판과 같은 모양을 하고 있어요. 이 빨판에서 끈적끈적한 점액이 나와 마치 '스파이더맨'처럼 벽에 착 달라붙을 수 있죠. 빨판의 흡착력은 매우 강해 한번 벽에 붙은 담쟁이덩굴을 떼는 것은 꽤 어렵답니다. 번식력도 매우 뛰어나 조금만 주의를 게을리하면 담벼락이 온통 초록 잎으로 뒤덮일 수 있어요.

깨알지식 옛날에는 담쟁이덩굴의 수액을 졸여 단맛을 내는 조미료로 사용했습니다.

포도과 | 덩굴 식물   교요함 3

- 서식지: 대한민국, 일본, 중국 등
- 크기: 10m 이상 (덩굴성: 다른 식물이나 물건을 버팀목으로 함.)
- 메모: 가을이 되면 새빨갛게 물드는 종도 있다.

루피너스에는 꿀 내비게이션이 있다?

루 피너스는 더위에 약해서 온난한 지역에서는 한해살이 식물로 변해요. 4월부터 6월에 걸쳐 등나무를 거꾸로 한 것 같은 모양의 작은 꽃을 피우는데 꽃의 색은 보라색, 분홍색, 흰색 등 품종에 따라 다양하답니다. 루피너스는 꿀벌 등의 곤충을 통해 꽃가루받이를 하는 충매화예요. 그런데 곤충은 꿀과 꽃가루가 남아 있는 루피너스를 어떻게 알아보고 찾는 걸까요? 곤충이 꿀을 먹고 가서 몸에 꽃가루가 묻으면 꽃의 색깔이 파랗게 변합니다. 곤충은 색을 보고 꽃가루가 남은 꽃을 찾을 수 있죠. 헛수고하지 않도록 알려 주는 친절한 내비게이션 같아요!

깨알지식 루피너스의 열매인 루피너스 콩은 대두 알레르기가 있는 사람을 위한 대용 식품으로도 이용되고 있습니다.

꽃이 없구나!

꽃의 색은 여러 가지다삐요!

| 콩과 | 한해살이 또는 여러해살이 식물 | 교묘함  |

- **서식지** 미국, 아프리카, 지중해 연안부
- **크기** 높이 50~60cm
- **메모** 루피너스는 꽃의 모양을 본떠 '층층이 부채꽃'이라고도 한다.

황새냉이의 씨앗은 아주 예민해!

황 새냉이는 가을에 씨를 뿌려 이듬해 봄에 꽃을 피우는 추파 일년초예요. 논두렁 등에서 흔하게 볼 수 있고, 3월부터 자그마한 흰 꽃이 피죠.

황새냉이의 씨앗 주머니가 황새의 다리처럼 길고 가느다랗기 때문에 황새냉이라고 불러요.

꽃이 핀 뒤 4월에서 5월에 걸쳐 길고 가는 열매가 맺히는데, 이 열매 속에는 수십 개의 작은 씨앗이 들어 있어요. 열매가 익으면 작은 충격에도 터져 속에 든 씨앗이 튕겨 나가요. 그 모습이 마치 총을 쏘는 모습처럼 보인대요. 이처럼 황새냉이는 많은 양의 씨앗을 퍼트리기 때문에 번식력이 뛰어나요.

깨알지식 일부 지역에서는 황새냉이를 나물로 먹거나 향신료로 사용합니다.

열매 주머니
씨앗이 두 줄로 늘어서 있어요.

논이나 습지에 핀다삐요!

십자화과 | 한해살이 또는 여러해살이 식물 | 교묘함

- 서식지 일본, 중국, 인도 등 동아시아
- 크기 높이 10~30cm
- 메모 어린잎은 그대로 또는 무쳐서 먹을 수 있다.

포도도 더 달게 만드는 음악의 힘

포도과 | 덩굴성 갈잎떨기나무 교요함

- **서식지** 미국 남부, 아시아 동남부가 원산지이지만, 전 세계에서 재배됨.
- **크기** 높이 3m (덩굴성)
- **메모** 포도에 들어 있는 포도당은 피로 회복에 도움이 된다.

깨알지식 덩굴에 가까울수록 달기 때문에 아래쪽(덩굴에서 먼 쪽)부터 먹으면 끝까지 맛있게 먹을 수 있습니다.

포도는 열매가 달고 영양이 풍부해 예로부터 세계 여러 나라에서 재배되었죠. 그냥 먹어도 맛있고, 주스나 와인의 원료로도 인기가 많아요. 여러분은 포도를 좋아하나요?

최근 포도를 키울 때 음악을 들려주면 그렇지 않은 것보다 익는 속도가 빠르고, 맛이나 영양도 뛰어나다는 연구 결과가 발표되었습니다. 물론 포도가 음악을 듣고 실제로 신이 나는 것은 아니지만, 음악 속에 있는 저주파(100~500Hz)가 뿌리의 성장에 좋은 영향을 준다고 해요. 사람도, 포도도, 음악을 들으면 기분이 좋아지나 봐요.

맛과 색이 좋아지고 몸에 좋은 폴리페놀이 늘어나요.

달콤하다삐요!

물봉선을 상대로 완전 범죄는 불가능!

물 봉선은 여름부터 가을에 걸쳐 보라색의 돛단배를 매단 것 같은 독특한 모양의 꽃을 피웁니다. 꽃의 모양이 복잡하고 꿀이 있는 꿀주머니가 말려 있어, 뒤영벌과 같이 긴 빨대 모양의 입을 가진 곤충은 깊이 들어가지 않고도 꿀을 먹을 수 있어요. 그렇지 않은 꿀벌은 꿀을 먹기 위해서 꽃의 깊숙한 안쪽까지 들어가야겠죠? 이때 꽃가루가 곤충의 몸에 많이 묻을 수밖에 없어요. 즉, 물봉선의 꿀만 몰래 먹고 도망갈 수 있는 곤충은 거의 없어요. 꿀을 먹었다면 반드시 꽃가루받이를 도울 수밖에 없어요!

깨알지식 종자가 익으면 바람만 불어도 터질 수 있어서 조심히 다뤄야 합니다.

봉선화 과 | 한해살이 식물 | 교묘함 3

- **서식지** 동아시아 전체
- **크기** 높이 40~80cm
- **메모** 열매가 익으면 터지며 씨앗이 튕겨 나온다.

광릉요강꽃의 특기는 꿀 있는 척!

난초과 | 여러해살이 식물 | 교묘함  3

- **서식지** 대한민국, 일본, 중국 등
- **크기** 높이 20~40cm
- **메모** 우리나라 멸종 위기 1급으로 등록되었다.

깨알지식 왜 광릉요강꽃이라는 이름이 붙었을까요? 요강이 무엇인지 찾아보세요.

광

릉요강꽃은 멸종 위기 식물로 등재된 매우 희귀한 식물입니다. 4월부터 흰색 또는 보라색의 주머니를 늘어뜨린 듯한 모양의 꽃이 피죠. 이 꽃은 모양이 매우 복잡하기로 유명해요. 꽃잎이 말려 관처럼 위아래로 통로가 있는 모양인데, 이곳으로 꿀벌이 드나들죠.

꿀을 먹기 위해 꽃 안으로 들어간 꿀벌은 자연스럽게 위에 난 작은 구멍을 통해서만 나올 수 있어요. 즉, 일방통행을 하며 꽃을 관통하죠. 출구에는 꽃가루가 담긴 주머니(꽃밥)가 있어 몸에 꽃가루를 잔뜩 묻히고 나오게 되지요. 그런데 반전은 광릉요강꽃에는 꿀이 없다는 것! 꽃가루받이를 도운 꿀벌이라도 빈손으로 돌아가야 하죠. 광릉요강꽃은 꿀이 있는 것처럼 속여 약삭빠르게 꽃가루받이를 한답니다.

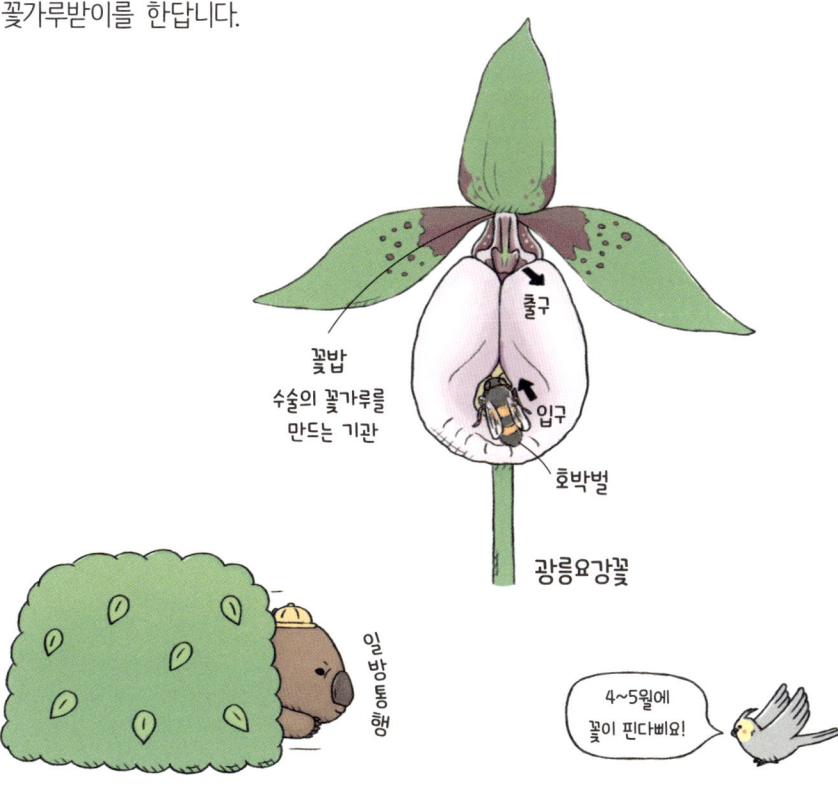

괭이눈 씨앗의 약점은 이것?

| 범의귀과 | 여러해살이 식물 | 교묘함 ★ |

- **서식지** 대한민국, 일본 북부
- **크기** 높이 5~20cm
- **메모** 씨앗은 불규칙한 달걀 모양으로 구르기 쉬운 모양을 하고 있다.

깨알지식 비슷한 종인 '산괭이눈'은 열매가 크게 벌어지고 씨앗이 많이 들어 있습니다.

괭

이눈은 깊은 산속의 습지에 살아요. 5월에 옅은 황록색의 꽃을 피우고, 얼마 후 녹색의 열매를 맺죠. 씨앗이 자랄 때 열매의 윗부분이 터지며 타원형으로 벌어지는데, 이 모습이 마치 고양이 눈과 같아서 '괭이눈'이라는 이름이 붙었어요.

괭이눈 열매 하나에는 10~20개의 작은 씨앗이 들어 있는데, 아주 예민하답니다. 열매에 빗방울 같은 물방울이 살짝만 닿아도 그 충격으로 씨앗이 튕겨 나가 씨앗이 떨어진 곳에서 번식하도록 되어 있죠. 이러한 방법으로 씨앗을 뿌리는 식물을 '물 산포형'이라고 합니다.

열매가 터져 벌어지면 고양이의 눈과 비슷해요.

빗방울이 살짝만 닿아도 씨앗이 터져요.

괭이눈의 꽃

꽃은 아주 작다삐요!

비누 대신 무환자나무 열매?

무환자나무

주엽나무

무시무시한 가시가 돋는다.

무환자나무과　　**갈잎큰키나무**　　교묘함

- 서식지　대한민국, 일본, 대만 등
- 크기　높이 7~20m
- 메모　절에 많이 심는다.

깨알지식　주엽나무의 꼬투리에도 사포닌이 함유되어 있어, 비누 대용으로 사용할 수 있습니다.

무환자나무? 이름이 독특한 이 나무는 심으면 화를 당하지 않는다고 해서 이런 이름이 붙었다고 해요. 무환자나무는 6월 무렵에 옅은 녹색 꽃을 피우고, 10~11월경 지름 2cm 정도의 황갈색 열매를 맺습니다. 열매의 표면은 반투명색으로 독특한 질감이 있어요. 열매 껍질에는 '사포닌' 성분이 함유되어 있어 물에 풀면 거품이 납니다. 그래서 열매를 비누 대신 사용할 수 있어요. 열매 속에는 검고 커다랗고 둥근 모양의 씨앗이 하나 들어 있습니다. 이 씨앗은 딱딱하고 단단해 배드민턴 셔틀콕의 검은 심으로 사용된답니다.

무환자나무의 열매

씨앗

껍질을 물에 넣으면 거품이 나요.

씨앗은 배드민턴의 셔틀콕 심으로 사용돼요.

주엽나무의 열매

씨앗

둘 다 비누로 사용할 수 있다삐요!

석화버들, 개키버들 씨앗은 어디든 갈 수 있어!

석화버들

개키버들

버드나무과 | 갈잎큰키나무, 갈잎떨기나무 | 교묘함 ⭐ 1

- 서식지: 대한민국, 일본, 대만 등 온대 지역
- 크기: 높이 8~15m(석화버들), 3~6m(개키버들)
- 메모: 샘털이 날리면 자동차 유리 등에 붙어 불편을 주기도 한다.

깨알지식 개키버들은 정원에 심으면 예뻐서 인기가 많습니다.

석

화버들은 높이가 15m 정도의 갈잎큰키나무, 개키버들은 높이가 2~3m로 갈잎떨기나무로 분류됩니다. 둘 다 암수 나무가 따로 자라는 암수딴그루이죠.

두 나무 모두 3월부터 4월 무렵에 꽃이 피고, 그 후 하얗고 폭신폭신한 샘털로 싸인 씨앗이 만들어집니다. 씨앗은 샘털을 이용해 민들레처럼 바람을 타고 멀리 이동해서 번식해요.

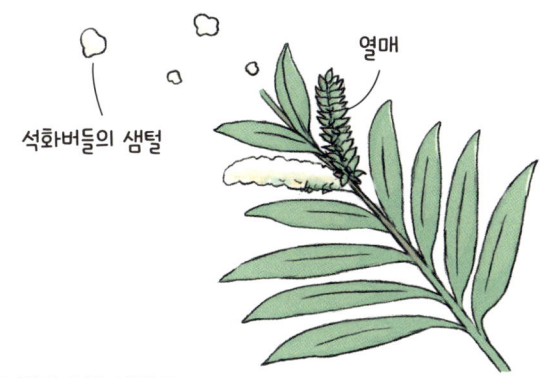

석화버들의 샘털 / 열매

암수딴그루는 암나무, 수나무가 따로 자라요.

개키버들의 샘털 / 열매

샘털이 많이 날린다삐요!

미모사가 왜 잎을 오므리는지 아무도 몰라!

| 콩과 | 여러해살이 식물 | 교묘함  |

- 서식지: 남아메리카가 원산지이고, 대한민국, 일본, 중국 등에 분포함.
- 크기: 높이 30cm
- 메모: 꽃의 크기는 10mm 정도로 작다.

깨알지식 원래 여러해살이풀이지만 우리나라에서는 겨울 추위에 견디지 못해 한해살이풀로 분류됩니다.

미모사는 남아메리카가 원산지여서 추위에 약합니다. 또 매우 예민해서 손으로 잎사귀를 만지는 등 잎이 자극을 받으면 끝부분부터 차례대로 잎이 오므라들며 아래로 처지기 시작하죠. 미모사(Mimosa pudica)라는 이름도 고대 그리스어의 움츠리다(Pudica)와 흉내 내다(Mimos)의 뜻에서 유래했어요. 그런데 미모사가 자극의 종류를 구분할 수 있다는 놀라운 사실을 알고 있나요? 바람이나 비 같은 자연의 자극을 받았을 때는 잎이 오므라들지 않지만, 손이나 곤충 등에 의한 인위적인 자극을 받으면 바로 오므라들어요. 하지만 어떻게 자극의 종류를 구분하고 어떤 원리로 잎이 오므라드는지 그 이유는 밝혀지지 않은 미스터리랍니다.

만지거나 열과 진동을 느끼면 잎이 오므라들어요.

비바람으로 온도가 낮아지면 식물체 안의 수분이 이동해 오므라들어요.

자꾸 만지면 시드니까 조심하자삐요!

밤에도 오므라들어요.

양벚나무는 관심을 받고 싶어!

양벚나무

장미과 | 떨기나무 | 교묘함 ★2

- **서식지** 서아시아
- **크기** 높이 15~20m
- **메모** 품종이 매우 다양하다.

깨알지식 서양에서 들어온 벚나무라 하여 양벚나무로 부릅니다.

양

벚나무는 벚꽃이 피는 벚나무와 사촌 관계예요. 생김새는 비슷하지만, 양벚나무의 열매는 알이 굵고, 그대로 먹어도 맛있죠. 또, 꽃은 흰색에 가까운 옅은 색을 띠고 있어요.

양벚나무의 꽃과 열매의 색에는 비밀이 있어요. 흰 꽃은 멀리서도 잘 보여 꿀벌을 모여들게 하고, 붉은색 열매는 푸른 잎사귀 사이에서도 잘 보여 새들의 눈에 잘 띄죠. 이렇게 모여든 꿀벌은 꽃가루받이를 돕고, 열매를 먹은 새가 다른 곳으로 날아가 씨앗이 든 배설물을 배출하면 그곳에서 나무가 자랄 수 있어요. 즉 양벚나무는 색을 통해 동물의 관심을 끌어 번식해요.

꿀벌이 잘 볼 수 있도록 흰색이에요.

새들이 잘 볼 수 있도록 익으면 붉은색을 띱니다.

6~7월이 되면 열매가 익는다삐요!

잔뜩 가져간다!

레인트리는 바른 생활 나무!

| 콩과 | 늘푸른나무 | 교묘함 |

- **서식지** 멕시코, 남아메리카 북부가 원산지이고, 전 세계 열대 지방에 많이 분포함.
- **크기** 높이 25~30m
- **메모** 식탁 등 가구나 건물 내부의 장식, 세공품 등의 재료로 자주 사용된다.

깨알지식 하와이 오하우섬에 가면 멋진 레인트리를 많이 볼 수 있습니다.

레 인트리는 자귀나무의 일종으로, 나무의 크기는 30m 정도로 거대하고, 가지가 넓게 뻗어 자라면 최대 40m까지 크기도 합니다.

레인트리의 잎사귀는 양치식물과 비슷한 깃털 모양을 하고 있는데, 마치 동물이 잠을 자는 것처럼 오후가 되면 오므라들고, 다음 날 해가 뜨면 활짝 펴집니다. 이를 '수면 운동'이라고 하는데, 사람처럼 밤에 자고 아침이 되면 일어나는 거죠. 이 정도면 바른 생활 나무라고 해도 손색 없겠죠?

정답을 맞혀 봐! 그림자 퀴즈 1

아이슬란드 포피

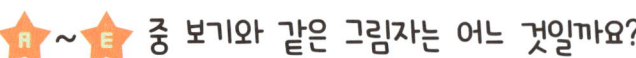 ~ 중 보기와 같은 그림자는 어느 것일까요?

보기

A  B  C  D  E

꽃양귀비라고도 한다삐요!

정답: D

제 2 장

천적을 철통 방어하는 수비수

천적을 직접 키우는 친절한 쇠무릎

쇠무릎은 우리나라에서 흔하게 볼 수 있는 식물이에요. 여름부터 가을에 걸쳐 녹색의 작은 꽃을 피우죠. 잎사귀를 갉아 먹는 애벌레는 모든 식물의 천적이에요. 하지만 쇠무릎은 오히려 애벌레를 불러 키웁니다. 천적을 키운다? 이상하지 않나요? 쇠무릎의 잎사귀에는 애벌레의 성장을 돕는 성분이 들어 있어요. 잎을 먹은 애벌레는 다른 애벌레보다 탈피를 빠르게 반복하며 자라요. 그래서 잎사귀를 많이 먹지 않아도 나비나 나방으로 빨리 자라죠. 성충이 되면 빠르게 성장했기 때문에 몸집이 작고, 알을 낳을 힘도 없어 번식이 힘들답니다. 어때요? 쇠무릎은 힘을 쓰지 않고 쉽고 똑똑하게 애벌레를 쫓아내고 있네요!

깨알지식 쇠무릎의 뿌리를 말린 것을 '우슬'이라고 하고, 한방약으로 사용됩니다.

잎에는 애벌레가 빨리 자라도록 도와주는 성분이 들어 있어요.

벌써 나방이 됐어!

접착 찍찍이?

씨앗은 옷이나 털에 잘 달라붙는다삐요!

| 비름과 | 여러해살이 식물 | 방어력 | 2 |

- 서식지 : 대한민국, 일본, 중국, 대만 등
- 크기 : 높이 1m
- 메모 : 툭 튀어나온 줄기 마디가 소의 무릎을 닮았다고 하여 쇠무릎이라 부른다.

옥수수가 구조 요청을 하는 법

옥수수는 전 세계적으로 사랑받는 작물이에요. 식품으로 많이 먹고, 사료, 녹말이나 기름 등의 원료로 널리 이용되지요.

옥수수는 천적을 쫓아내는 방법이 독특하기로 유명해요. 옥수수의 천적은 잎을 갉아 먹는 '멸강나방'입니다. 멸강나방의 애벌레가 잎사귀를 갉아 먹으면 옥수수는 멸강나방의 천적인 '멸강나방 고치벌'을 부르는 냄새를 뿜어내기 시작해요. 냄새를 맡고 찾아온 멸강나방 고치벌은 멸강나방 애벌레의 몸에 알을 낳고, 태어난 애벌레가 기생하며 멸강나방을 쫓아내는 거죠. 옥수수는 '적의 적은 나의 친구' 전략으로 스스로를 보호하는 거예요.

깨알지식 옥수수수염(암술)은 알갱이마다 나오기 때문에 수염이 많을수록 알갱이도 많답니다.

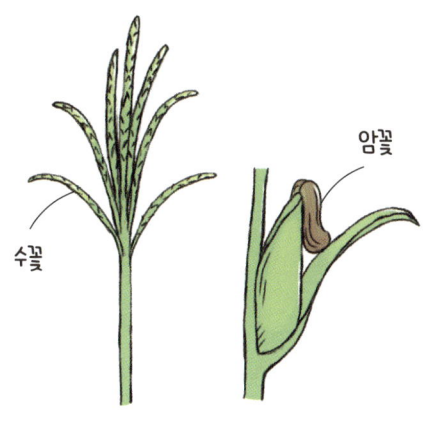

단 옥수수
단맛이 강해 먹기 좋아요.

수꽃

암꽃

애 옥수수
다 자라지 않은 옥수수를 일찍 수확한 것으로 부드러워 맛이 좋아요.

노란 옥수수   흰 옥수수   혼합 옥수수

맛있다!

| 벼과 | 한해살이 식물 | 방어력 | 2 |

서식지 남아메리카가 원산지이고, 전 세계에서 재배됨.
크기 높이 1.5~2m
메모 옥수수의 심지는 충치를 예방하는 자일리톨의 원료가 된다.

벼 닮은 꼴이라 살아남은 강피?

강피는 논이나 논 주변에서 자랍니다. 어린 강피는 벼와 매우 비슷하게 생겼어요. 그래서 사람들이 벼로 착각해 김매기에서 살아남을 수 있죠. 벼인 척하며 살아남은 강피는 벼를 수확하기 전에 단숨에 쑥 자라 이삭을 맺어 빠르게 씨앗을 뿌립니다. 벼를 수확할 시기가 되면 강피는 이미 모든 씨앗을 뿌린 후로, 그때는 제거해도 이미 늦어요. 강피는 제초제에도 죽지 않는 강한 생명력을 가지고 있고 벼의 성장을 방해해 농민들에게 성가신 잡초예요. 강피는 살아남기 위해 벼농사 방법에 적응해 진화한 약삭빠른 식물이랍니다.

깨알지식 논에서 살도록 진화한 식물로, 논이 아닌 곳에서는 거의 자라지 않는 특별한 식물입니다.

| 벼과 | 한해살이 식물 | 방어력  |

- 서식지: 대한민국, 일본, 유라시아, 아프리카
- 크기: 높이 80~100cm
- 메모: 벼과의 풀인 피는 먹을 것이 귀했던 시절, 구황 작물로 쓰이기도 했다.

녹나무 근처에
곤충이 얼씬도 하지 않는 이유

녹나무과 | 늘푸른큰키나무　　　　방어력 |—|—|★ 3

- **서식지** 대한민국, 대만, 중국, 베트남
- **크기** 높이 20m
- **메모** 대만에는 높이가 44m인, 세계에서 가장 큰 녹나무가 있다.

깨알지식 잎사귀 뒷면에 진드기가 붙어 살 수 있는 움푹 들어간 홈이 있습니다.

녹나무는 우리나라의 제주도에서 흔히 볼 수 있는 나무예요. 제주도 기념물로 지정되어 보호를 받고 있죠.

녹나무에는 장뇌라 부르는, 방충 효과가 뛰어난 물질이 있어 강한 향이 나요. 곤충들은 이 향을 싫어하기 때문에 녹나무 근처에 얼씬도 하지 않죠. 그래서 예로부터 녹나무의 잎사귀나 녹나무를 태운 연기를 방충제나 진통제로 이용하기도 했고, 나무는 잘 썩지 않아 건축, 가구 등에도 많이 썼죠. 녹나무는 특히 절 주위에서 많이 볼 수 있어요. 크기가 큰 녹나무를 '신성한 나무'로 여겼기 때문이랍니다.

약모밀의 무기는 고약한 냄새

| 삼백초과 | 여러해살이 식물 | 방어력  |

- 서식지: 대한민국, 일본, 동남아시아
- 크기: 높이 20~50cm
- 메모: 잎을 말려 차로 끓이면 보리차의 맛이 난다.

깨알지식: '어성초'로 더 익숙하게 알려져 있으며 가열하면 향이 약해져 튀김으로 먹기도 합니다.

약 모밀은 음지를 좋아해서 정원이나 공터의 그늘진 곳에 무리를 지어 자랍니다. 풀 전체에서 특유의 생선 비린내 같은 냄새가 나서 '어성초'라는 이름으로 더 잘 알려져 있답니다.

5~8월이 되면 꽃을 피우는데, 흰색의 꽃잎처럼 보이는 부분은 사실 진짜 꽃이 아니고, 가운데 모여 있는 노란 부분이 진짜 꽃이에요. 게다가 잎사귀 뒤쪽이 보라색인 것이 아주 특이하죠. 약모밀은 약용 식물로 약으로도 사용되는데, 약모밀 특유의 향을 내는 성분이 백선균이나 포도상 구균을 없앨 수 있다고 알려져 있죠. 일부에서는 독초로 알려져 있기도 하지만 약모밀 자체에는 독이 없으며 '독을 고치는 약'의 의미로 약모밀이라는 이름이 붙었답니다. 고약한 냄새에 세균까지 없애 준다니, 정말 놀랍죠?

생 약모밀

가열하면 향이 약해져요.

포도상 구균

냄새가 고약해.

백선균 – 무좀의 원인이 됨.
포도상 구균 – 식중독의 원인이 됨.

약모밀즙은 피를 맑게 한다!

파인애플은 혀를 녹여~

파 인애플은 남녀노소 좋아하는 과일이죠? 열매는 신맛과 단맛이 나서 그냥 먹어도 맛있지만 통조림으로 만들면 오랫동안 맛있게 먹을 수 있죠. 파인애플이 익기 전 열매와 잎에는 옥살산 칼슘이 있어요. 옥살산 칼슘은 바늘같이 뾰족한 결정으로 이루어져 있고, 그 안에는 단백질을 분해하는 효소가 많이 들어 있어요. 이런 결정 모양과 효소는 곤충이 열매를 공격했을 때 입을 녹여 자신의 몸을 보호하는 역할을 합니다. 우리가 파인애플을 많이 먹었을 때 혓바닥이 까끌까끌한 이유도 옥살산 칼슘 때문이에요. 하지만 열매가 익을수록 옥살산 칼슘은 점점 줄어드니 너무 걱정하지 마세요.

깨알지식 열대 지방에서는 파인애플의 잎사귀에서 섬유질을 채취해 옷을 만들기도 합니다.

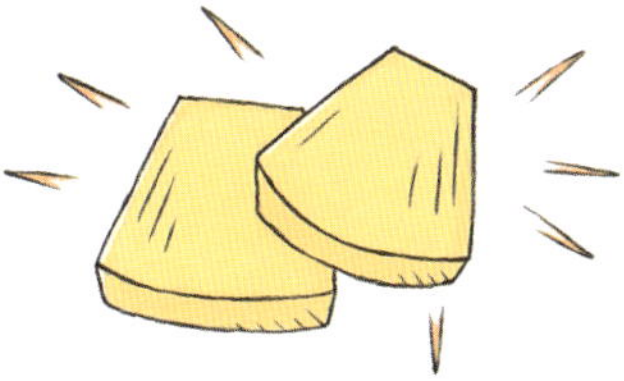

옥살산 칼슘의 결정은
바늘 같이 뾰족한 모양이에요.

열매의 모양

솔방울

비타민 C가
많이 들어 있다삐요!

파인애플 꽃

파인애플과 | 여러해살이 식물 | 방어력 ├─┼─┤ ③

- **서식지** 열대 아메리카, 태국, 필리핀 등
- **크기** 50~120cm
- **메모** 잘 익은 열매만 수확하기 때문에 구입하면 바로 먹는 게 좋다.

민들레는 공격을 당하면 입을 막아 버려!

국화과 | 여러해살이 식물　　　　　방어력 |—⭐—|

- 서식지　대한민국, 유라시아 대륙
- 크기　높이 15cm
- 메모　말린 뿌리는 커피 대용품으로 사용된다.

깨알지식　민들레에서 나오는 하얀 액체를 모아 타이어를 만들기도 합니다.

민들레는 길가나 들판 등 곳곳에서 흔히 볼 수 있는 여러해살이 식물입니다. 봄부터 여름에 걸쳐 노란 꽃을 피우고 시간이 지나면 둥그스름한 솜털 꽃이 되는데, 솜털에는 씨앗이 달려 있어 바람을 타고 멀리 날아가 퍼지죠. 이 씨앗을 후후 불며 놀았던 기억이 있지 않나요?

민들레의 줄기는 빨대처럼 속이 텅 비어 있고, 줄기나 잎사귀를 뜯으면 하얗고 끈적거리는 액체가 나와요. 놀랍게도 이 액체에는 천연 고무 성분이 들어 있어요. 곤충이 줄기를 갉아 먹으면 고무 성분의 액체로 입을 막아 더 이상 먹지 못하도록 해 줄기를 보호합니다. 민들레에는 위를 튼튼하게 해 주는 성분과 소변이 잘 나오게 하는 성분이 들어 있어 한방에서 약재로도 쓰인답니다.

원뿌리
약이나 차로 쓰여요.

서양 민들레

꽃잎이 붙어 있는 부분은 바깥쪽으로 말려 있는 모양이에요.

고무 성분의 끈적한 하얀 액체

씨앗은 멀리 날아간다삐요!

애기장대는 자신이 먹히는 소리를 듣는다?

애 기장대는 들판에서 쉽게 볼 수 있는 식물이에요. 애기장대의 천적은 잎사귀를 갉아 먹는 배추흰나비 애벌레입니다. 애기장대는 특이한 방법으로 천적을 쫓아내요. 최근 연구에 따르면 애기장대는 애벌레가 자신의 잎을 갉아 먹는 소리를 들을 수 있다고 해요. 그 소리를 들으면 쓴맛이 나는 화학 물질을 분비해 애벌레를 쫓아낸다고 하죠. 아직 어떻게 소리를 듣는지 명확하게 밝혀진 사실은 없지만, 식물도 스스로 살아남기 위해 다양한 방법을 찾고 있다는 것을 알 수 있어요. 정말 신기하죠?

깨알지식 국제 우주 정거장에서 발아에 성공하기도 했습니다.

| 십자화과 | 두해살이 식물 | 방어력 | 2 |

- 서식지: 유라시아, 북아프리카 등
- 크기: 높이 15~35cm
- 메모: 크기가 작아 키우기 쉽고 자라는 속도가 빨라 유전학 연구에 많이 사용되는 식물이다.

자신을 보호하는 리마콩의 전략

| 십자화과 | 한해살이 식물 | 방어력  |

- 서식지: 남아메리카, 중앙아메리카
- 크기: 높이 2~4m
- 메모: 알갱이가 작은 품종은 중앙아메리카에서, 알갱이가 큰 품종은 남아메리카에서 자란다.

깨알지식 리마콩에는 몸에 좋지 않은 '리나마린'이라는 성분이 들어 있기 때문에 완전히 익혀서 먹어야 합니다.

리

마콩은 버터처럼 부드러운 맛이 나기 때문에 '버터콩'이라고 부르기도 해요. 중남미 사람들이 아주 좋아하는 콩이죠. 강낭콩과 비슷한 초승달 모양의 꼬투리 속에 1~2cm 크기의 콩이 들어 있어요.

리마콩은 자신의 천적인 점박이응애가 잎사귀를 갉아 먹으면 점박이응애의 천적인 칠레이리응애를 부르는 가스를 내뿜습니다. 근처에 있는 리마콩 역시 함께 가스를 뿜고 힘을 합쳐 점박이응애를 내쫓고 자신을 보호하죠. 함께 천적의 적을 부르는 전략을 펼치는 셈이랍니다.

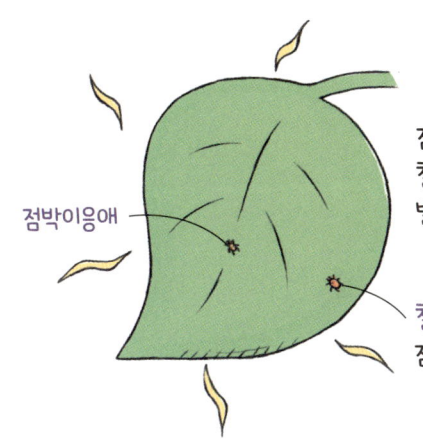

점박이응애
칠레이리응애

점박이응애의 공격을 받으면 칠레이리응애를 유인하는 가스를 발사해 구조를 요청해요.

칠레이리응애
점박이응애를 잡아먹어요.

리마콩의 꽃

리마콩의 리나마린 성분은 사람의 장에 가서 유독 물질로 변해요.

리마콩은 푹 익혀서 먹어야 한다삐요!

푹 삶아서 먹는다!

물이 없어도 살아남는 부처손

돌에 붙어 자란다

| 부처손과 | 양치식물 | 방어력 |—|—|3 |

- **서식지** 대한민국, 일본, 동남아시아의 높은 산 등
- **크기** 높이 20cm
- **메모** 죽은 것처럼 보였다가 다시 살아나 '부활초'라고 부르기도 한다.

깨알지식 겨울에 겉으로 볼 때 죽은 것 같아 보이지만 물을 먹으면 살아납니다.

부처손은 포자로 번식하는 양치식물의 친구예요. 가지와 잎이 노송나무의 잎사귀와 비슷하게 생겼고, 주로 바위가 많은 곳에 손가락이 여러 갈래로 펼쳐진 것 같은 모습으로 붙어 자라기 때문에 이런 이름이 붙었답니다. 부처손은 계절이나 태양이 움직이는 방향에 따라 잎의 색이 다양하게 변해서 관상용 식물로 인기가 많아요. 특이한 점은 기온이 낮고 건조해지면 부처손의 가지 전체가 안으로 말려든 듯 둥근 모양이 되어 마치 죽은 것처럼 겨울잠을 잡니다. 이를 가사 상태라고 하죠. 가사 상태에서는 물을 먹지 않아도 살 수 있어요. 오랫동안 가사 상태가 지속되다가 비를 맞거나 물을 먹으면 몇 시간에서 며칠 사이에 다시 가지를 뻗고 동그랗게 잎을 펼치며 살아난답니다.

시계꽃의 무기는 가짜 알?

시계꽃은 3개로 갈라진 암꽃술이 마치 시계의 긴바늘과 짧은바늘, 초바늘처럼 보여 시계꽃이라는 이름이 붙었답니다. 초여름부터 가을까지 피는 꽃의 색이나 모양이 다양해 관상용으로 인기가 많죠.

잎사귀나 줄기에는 자신을 보호하기 위한 독 성분이 있는데, 천적인 독나비의 애벌레는 이 독에 내성을 가지고 있어 소용이 없어요. 그래서 시계꽃은 독나비를 쫓아내기 위해 줄기에 독나비의 알과 매우 비슷한 돌기를 만들어 냅니다. 가짜 알인 셈이죠. 독나비는 다른 알이 있는 곳엔 절대 알을 낳지 않아요. 이런 특성을 이용해 '가짜 알'을 만들고 독나비가 '먼저 알을 낳고 간 독나비가 있다.'고 착각하게끔 만들어 쫓아내는 것이랍니다.

깨알지식 맛있는 열대 과일 패션프루트는 시계꽃의 열매입니다.

시계꽃의 꽃

독나비 알과 비슷하게 생긴 돌기

암꽃술이 시곗바늘처럼 생겼다삐!

시계꽃과 | 여러해살이 식물

방어력 ★ 2

- **서식지** 중앙아메리카, 남아메리카의 열대 및 아열대
- **크기** 높이 2~3m 이상
- **메모** 옛날 기독교 선교사는 이 꽃을 '십자가 위의 꽃'이라 믿어 포교 활동에 활용했다.

끈끈이대나물

이름처럼 끈적끈적해!

끈 끈이대나물은 5월부터 6월까지 지름 1cm 정도의 작은 꽃을 많이 피워요. 꽃은 대부분 분홍색과 하얀색으로 번식력이 매우 강해 공터나 길가에 무리 지어 피어 장관을 이루죠.

끈끈이대나물은 놀라운 능력을 가지고 있어요. 바로 줄기를 기어오르는 진딧물이나 개미 등을 붙잡기 위해 끈적끈적한 점액을 뿜어낼 수 있답니다. 이 곤충들은 번식에 전혀 도움이 되지 않기 때문에 점액으로 곤충을 잡아 놓을 뿐, 잡아먹거나 흡수하는 것은 아니랍니다.

깨알지식 끈끈이대나물은 키우기 쉬워 원예용으로 인기가 많습니다.

줄기 마디 아래에서
끈끈한 점액이 나와요.

으, 꼼짝도 할 수 없어!

끈끈이대나물의 꽃

잡아먹지는 않는다삐요!

석죽과 | 한해살이 또는 두해살이 식물 방어력 ├─ ㄹ ─┤

- **서식지** 유럽이 원산지
- **크기** 높이 50~60cm
- **메모** 뿌리에는 약간의 독이 있다.

무시무시한 협죽도의 독

| 협죽도과 | 늘푸른떨기나무 | 방어력 ⊢—⊢★ 3 |

- 서식지 : 대한민국 제주도, 인도 등 따뜻한 지역
- 크기 : 높이 2m 이상
- 메모 : 잎사귀가 대나무와 비슷하고 꽃이 복숭아와 닮아 '유도화'라는 이름도 있다.

깨알지식 히로시마에 원자 폭탄이 떨어진 후 맨 먼저 핀 꽃으로 생명력이 매우 강합니다.

협 죽도는 분홍색이나 붉은색의 꽃을 피우며 튼튼하고 키우기 쉬워 정원수나 가로수로 흔하게 볼 수 있는 식물이었어요. 하지만 맹독을 가지고 있기 때문에 대부분 사라졌죠.

협죽도는 독성이 강한 올레안드린이라는 화학 물질을 가지고 있습니다. 이 물질은 청산가리 이상의 독성을 가지고 있는 무시무시한 독 성분이에요. 옛날 협죽도의 가지를 젓가락 대신 사용했다가 중독된 사건이 있었고, 소의 사료에 협죽도 잎사귀가 조금 섞였는데 젖소 9마리가 모두 죽는 사고가 발생하기도 했어요. 나무를 태운 연기에도 독성이 있기 때문에 정말 조심해야 해요.

투구꽃, 식물계 최강 맹독

투구꽃은 여름이 되면 앙증맞은 보라색 꽃이 피어요. 투구꽃이라는 이름은 꽃의 모양이 마치 옛 병사들이 쓰는 투구의 모습과 비슷하다고 하여 붙여진 이름이에요. 뿌리의 독성은 식물계 최강이라고 할 만큼 강하답니다. 투구꽃의 주요 성분인 아코니틴은 치사량이 3~4mg으로 1g의 잎으로도 사람을 죽음에 이르게 할 정도로 독성이 강하죠. 옛 조상들은 화살 끝에 투구꽃의 독을 발라 독화살을 만들어 사슴이나 큰 곰을 사냥했다고 해요. 산에서 투구꽃을 만났다면 절대 만지지 마세요.

> **깨알지식** 투구꽃 뿌리의 독성을 약하게 하여 한방에서 약으로 사용하기도 합니다.

투구꽃

비슷하게 생겼으니
조심해!

독

원뿔 모양의 덩이뿌리를 기억해요.

남바람꽃

꿀이나 꽃가루도
독성이 옮을 수 있으니
조심해! 삐요!

| 미나리아재비과 | 여러해살이 식물 | 방어력 ├─┼─┤ ★3 |

- 서식지: 대한민국, 러시아 등 북반구의 온대 지방
- 크기: 높이 약 1m
- 메모: 투구꽃의 독은 치명적이지만 벌이나 쇠가죽 파리와 같은 곤충에는 효과가 없다.

75

꽃말 1 어떤 뜻인지 알고 있나요?

벚꽃 아름다운 영혼

튤립 영원한 사랑

마거리트 사랑을 점치다.

팬지 나를 생각해 주세요.

데이지 평화

나팔꽃 사랑

하나의 꽃에 여러 가지 꽃말이 있지만 가장 대표적인 뜻이다삐요!

제 3 장

괴상한 모습의 별난 식물들

붉나무는 기생하는 진딧물을 품어 줘!

옻나무과 | 갈잎큰키나무 　　　　　　　기이함 |—⭐2—|

- 서식지　동아시아 각지
- 크기　높이 3m
- 메모　불교에서는 붉나무가 안 좋은 기운으로부터 보호해 주는 나무라고 믿는다.

깨알지식　붉나무의 열매 표면은 식품 첨가제로 이용되는 회색의 결정체로 뒤덮여 있는데, 이것을 소금 대신 사용하기도 합니다.

붉

나무는 한국과 일본 등의 산지에서 볼 수 있습니다. 붉나무라는 이름은 가을이 되면 유난히 붉은 단풍이 들어 붙은 이름입니다. 줄기에 상처를 내면 하얀 즙이 나오는데 옛날에 이 즙을 페인트로 사용했다고 해요.

붉나무에 기생하는 진딧물인 오배자면충은 특이한 방법으로 살아갑니다. 알에서 부화한 새끼 오배자면충은 붉나무 잎에 붙어서 혹을 형성하는 물질을 뿜죠. 이 벌레혹이 자라며 오배자면충을 감싸 보호하기 때문에 혹 안에서 오배자면충이 진딧물을 먹으며 자라요. 가을이 되어 붉나무의 잎사귀가 시들고 혹도 갈색으로 변해 일부가 부서지면 그 속에서 다 큰 오배자면충이 튀어나온답니다. 붉나무는 오배자면충을 성충까지 키우는 엄마나 다름없네요.

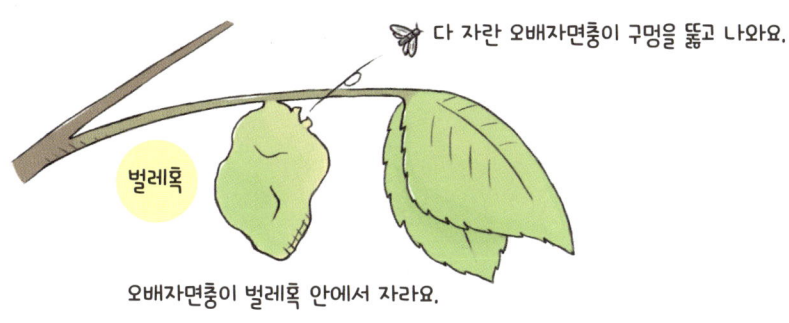

다 자란 오배자면충이 구멍을 뚫고 나와요.

벌레혹

오배자면충이 벌레혹 안에서 자라요.

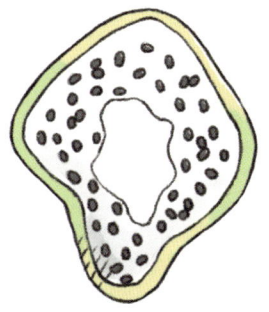

벌레혹 안에 진딧물이 잔뜩 있어요.

벌레혹은 검은색 염료로 쓰이기도 한다삐요!

감자에 담긴 수학 원리?

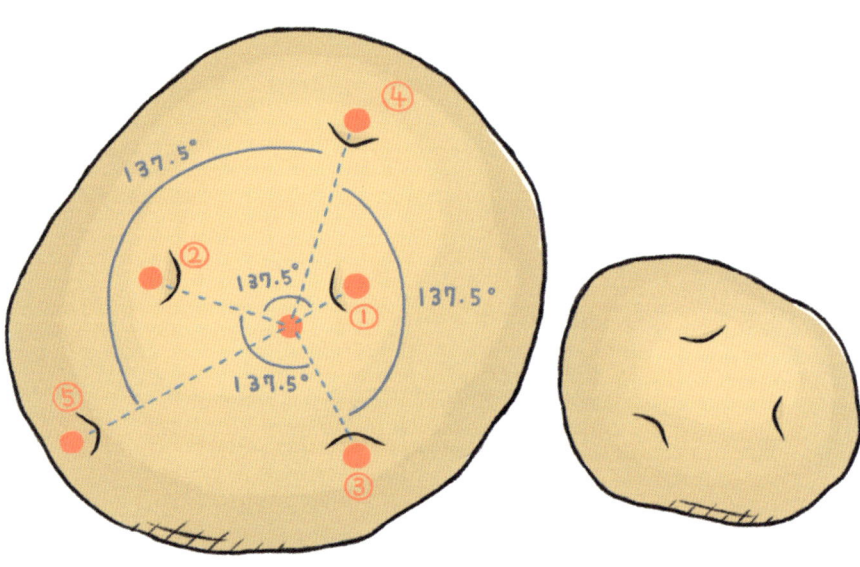

| 가지과 | 한해살이 식물 | 기이함 ★ 2 |

- **서식지** 안데스산맥이 원산지이고, 전 세계에서 재배됨.
- **크기** 높이 50cm~1m
- **메모** 보통 씨감자를 심어 키우지만, 씨앗으로도 재배할 수 있다.

깨알지식 감자의 싹이나 녹색으로 변한 껍질에는 독성 물질인 솔라닌이 들어 있습니다.

감

자에는 비타민 C와 칼륨 등 영양소가 많이 들어 있고, 다양하게 조리할 수 있어, 여러 나라에서 주식으로 애용되는 작물이랍니다.

감자를 자세히 살펴보면 싹이 나는 눈이 많이 파여 있는 것을 볼 수 있어요. 그 모양이 나선형으로 늘어서 있고 양옆에 있는 눈과의 각도는 모두 약 137.5°를 이루고 있어요. 이것을 '황금각'이라 부르는데, 홈에서 싹이 자라고 잎이 퍼질 때 잎사귀끼리 부딪치지 않고 햇빛을 고르게 받을 수 있는 이상적인 각도죠. 감자에 담긴 수학의 원리, 신기하지 않나요?

줄기가 엇갈려 자랄 수 있도록 눈이 나선형으로 늘어서 있어요.

원줄기

하나만 다른 눈의 모양

땅속줄기

원줄기에서 나온 땅속줄기가 감자와 이어져 있어요.

어지럽나삐요!

선인장 뾰족한 가시의 정체는?

금호 선인장

선인장과 | 다육 식물

기이함

- **서식지** 남북아메리카 대륙이 원산지
- **크기** 품종에 따라 다양해서 크기가 10m가 넘는 것도 있다.
- **메모** 건조한 날씨에 강하지만, 정기적으로 물을 주어야 한다.

깨알지식 멕시코에서는 선인장으로 샐러드나 수프를 만들어 먹습니다.

선인장은 물을 저장하는 다육 식물의 일종으로 종류가 2,000가지가 넘어요. 품종에 따라 둥근 모양, 부채 모양, 위로 뻗은 모양 등 매우 다양합니다. 선인장에는 줄기도 잎사귀도 없는 것처럼 보이지만 사실 선인장 몸통이 줄기랍니다. 이 줄기에서 화려한 꽃이 피기도 하죠.

선인장 하면 맨 먼저 떠오르는 것이 바로 뾰족뾰족한 가시일 거예요. 가시는 원래 가지였는데, 시간이 지나며 모양이 변한 것이랍니다. 동물에게 잡아먹히지 않도록 뾰족한 가시로 진화한 것이죠.

금호 선인장의 꽃

가시

뾰족하다!

꽃이 예쁘다삐요!

호박의 줄기는 용수철 같아!

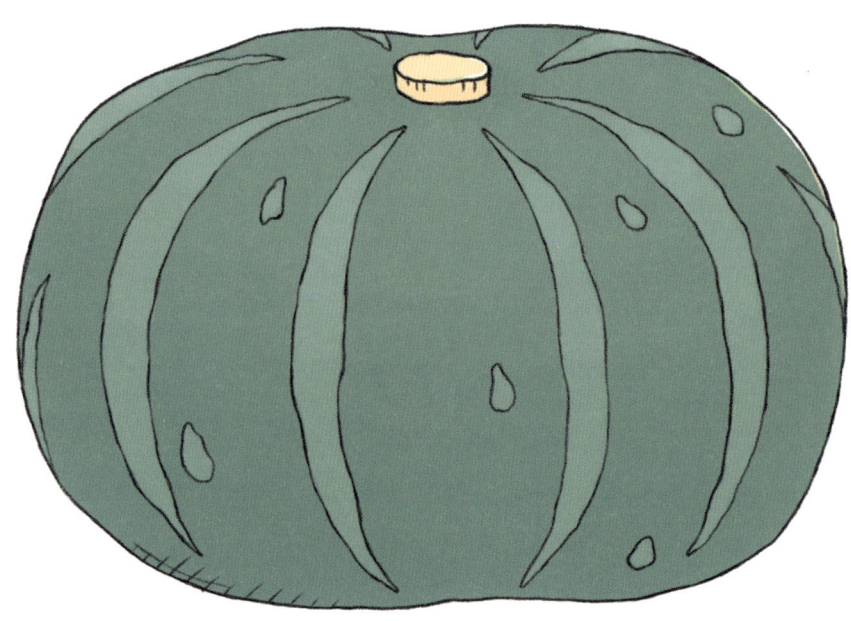

| 박과 | 덩굴 식물 | 기이함 ⭐ 1 |

- **서식지** 남북아메리카 대륙이 원산지
- **크기** 높이 5~15m
- **메모** 자르지 않으면 상온에서 몇 달 동안 보관할 수 있다.

깨알지식 호박의 씨앗은 말리면 영양이 많은 견과류로 먹을 수 있습니다.

호

박은 커다란 열매는 물론, 씨, 잎, 꽃까지 버릴 것 없이 대부분을 먹을 수 있어 전 세계에서 인기 만점인 식물이에요. 호박의 열매에는 비타민 A, C, E 등이 풍부해 영양적으로도 매우 뛰어나죠. 그래서 파이나 푸딩 등 다양한 간식으로도 만들어 먹어요. 지금으로부터 10,000년 전에도 호박이 재배되었다는 사실이 밝혀지기도 했답니다.

호박의 줄기는 덩굴에서 용수철 같은 덩굴손이 자라 주변의 식물이나 구조물을 휘감으며 뻗어 나갑니다. '호박이 넝쿨째 굴러 들어온다.'는 말을 들어 봤죠? 여기서 넝쿨이 바로 호박의 줄기를 말하는 거예요. 호박은 암꽃과 수꽃이 각각 다르며, 곤충을 통해 꽃가루받이를 해요. 곤충이 많이 오지 않는 곳에서 자라는 호박이라면 인위적으로 꽃가루받이를 해 줘야만 열매를 맺을 수 있어요.

용수철처럼 주변을 휘감으며 자라는 호박의 줄기

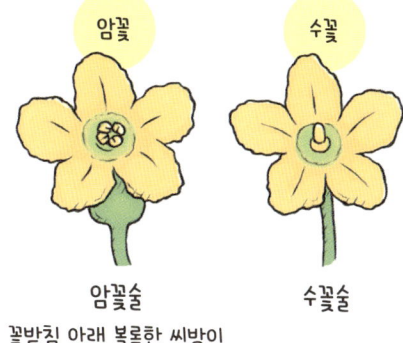

암꽃술
꽃받침 아래 볼록한 씨방이 호박이 돼요.

수꽃술

핼러윈에서 사용하는 호박은 '페포호박'이다삐요!

풍경뱀무는 고개를 들지 않아!

풍 경뱀무는 습한 풀밭이나 수풀, 강가 등에 넓게 분포한 고산 식물 중 하나입니다. 고산 식물이기 때문에 추위에 강하고, 더위에 약해 여름이 되면 쉽게 죽을 수 있죠. 3월부터 5월 사이에 고개를 숙인 '종'과 비슷한 모양의 꽃이 피는데요. 그 모습이 마치 처마 끝에 달려 있는 '풍경'과 닮았고, 잎은 무의 잎사귀와 닮았다고 하여 이런 이름이 붙었답니다.

관상용으로도 인기가 많은데, 아직 아무도 꽃이 고개를 숙인 모습으로 피는 이유를 찾지 못했다고 해요. 얼핏 보기에는 시든 것 같지만 시든 게 아니에요.

깨알지식 비슷한 종류의 식물은 모두 위를 향해 꽃이 핍니다. 고개를 숙여 꽃이 피는 식물은 풍경뱀무뿐입니다.

겨울

잎사귀는 땅바닥에서 방사형으로 자라요.

풍경뱀무는 '수양매'라고 부르기도 한다삐요!

꽃이 모두 진 모습

장미과　여러해살이 식물　　　　기이함

- 서식지　북아메리카, 아시아
- 크기　높이 20~30cm
- 메모　'뱀무'라고 부르는 경우가 많다.

미르메코디아와 개미의 완벽한 공생

미르메코디아는 땅에서 자라지 않고 다른 나무 줄기에 붙어 기생하는 착생 식물입니다. 우리나라보다는 동남아시아에서 많이 볼 수 있어요. 줄기의 밑동이 크게 부풀어 있고 안은 텅 비어 있는 경우가 많아요. 이런 빈 곳에 개미가 들어와 집을 짓고 사는 거죠.

미르메코디아는 양분이 적은 척박한 환경에서 자라기 때문에 개미에게 집을 제공해 주고, 개미로부터 배설물과 남은 먹이 등 적절한 양분을 제공받으며 공생 관계를 이루고 살아요. 개미와 함께 서로 도우며 살아가는 식물을 '개미식물'이라고 하고, 전 세계에는 약 500종의 개미식물이 있답니다.

깨알지식 미르메코디아와 같은 또 다른 꼭두서니과의 개미식물에는 히드노피툼 포르미카룸이 있습니다.

개미집 안의 모습

맹그로브 나무 기둥에 들러붙어 기생해요.

개미집의 표면에는 가시가 있어 겉으로 보면 마치 요새처럼 보이기도 해요.

꽉 잡아!

뿌리가 나무에 찰싹 붙어 있어요.

꼭두서니 과

기이함 |—|—| 3

- **서식지** 동남아시아, 오세아니아
- **크기** 높이 20~80cm
- **메모** 관상용으로 재배하기도 한다.

너무 빨리 자라 위험한 바나나

바 나나는 따뜻한 날씨에서 자라기 때문에 북반구에서는 재배하기 어렵다고 알려졌지만, 오늘날에는 품종을 개량하고 기술이 발달하여 다양한 지역에서 재배할 수 있죠.

바나나 줄기는 한번 열매를 맺으면 시들고 맙니다. 하지만 뿌리에서 새순이 금방 돋아 다시 자라나는데 이때 줄기가 10m 정도까지 빠르게 자란다고 하니 정원 등에 심으면 큰일 날 수도 있어요. 바나나는 영양분을 듬뿍 가지고 있어 디저트뿐만 아니라, 주식으로 먹기도 합니다. 또 커다란 잎사귀는 조리 기구나 식기로도 사용할 수 있는 고마운 식물이죠.

깨알지식 바나나는 목재 줄기를 형성하지 않는 초본 식물이기 때문에 사실 과일나무가 아니라 풀입니다.

바나나 꽃

너무 많이 먹지 않는다!

바나나는 다년생이라 과일이기도 하고 나무가 아닌 풀의 줄기에서 열려 채소이기도 해요.

파초과 | 여러해살이 식물　　　　　　기이함

- 서식지　동남아시아 원산지
- 크기　높이 3~10m
- 메모　단맛이 강한 품종과 녹말이 많은 요리용 품종으로 나눌 수 있다.

91

> 알아 두세요!

바나나의 숨은 비밀

바나나 씨앗을 본 적 있나요?

자, 지금 머릿속으로 바나나를 먹는 모습을 상상해 봅시다. 껍질을 까서 한입 베어 물면 달콤한 과육이 입 안 가득 퍼지죠. 우리가 먹는 바나나에는 씨가 없어요. 그럼 어떻게 자랄까요? 사실 바나나도 씨가 있어요. 하지만 식용 바나나로 품종을 개량해 염색체 수가 달라지며 씨가 사라진 것이죠.

번식 과정에서 염색체가 둘로 나뉘는데, 2배체, 4배체는 쉽게 나뉘지만 3배체는 홀수이기 때문에 제대로 나뉘지 않아 씨앗이 생기지 않아요. 야생 바나나는 염색체가 2세트인 2배체로 씨가 있지만 식용 바나나는 3배체로 씨가 없기 때문에 포기 나누기로 번식합니다.

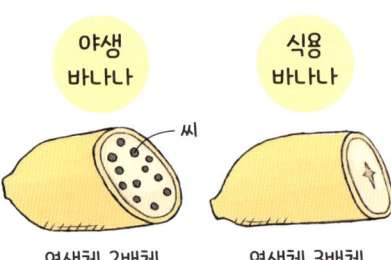

같은 바나나라도 부위에 따라 단맛의 정도가 다르다!

바나나도 부위에 따라 맛이 달라요. 바나나 줄기를 기준으로 끝 쪽이 가장 달죠. 그 이유는 바나나 열매를 재배하는 방법에 있습니다. 열매가 처음 자랄 때는 아래를 향해 자라지만, 줄기에서 먼 끝부분에 꽃이 피면서 햇빛을 받기 위해 위로 뻗어 광합성을 해요. 광합성을 한 바나나는 당분을 만들어 내기 때문에 꽃이 달려 있던 끝 쪽이 가장 단맛이 강하죠. 정말인지 한번 확인해 보세요. 껍질을 벗겨 위에서부터 먹다 보면 마지막 부분이 가장 달 거예요.

꽃이 광합성을 하면 당분이 만들어지기 때문에 끝부분이 가장 달다.

가장 단 부분

끝 쪽부터 먹어야겠다삐요!

제 4 장

곤충과 동물을 잡아먹는

포식자

사라세니아의 놀라운 먹성

| 사라세니아과 | 여러해살이 식물 | 강인함 ⊢―⊢―★ 3 |

- 서식지: 북아메리카 북동부가 원산지
- 크기: 높이 30~90cm
- 메모: 잎사귀 안에는 소화 효소가 들어 있다.

깨알지식 토양에 질소가 부족하기 때문에 곤충을 잡아먹으며 질소와 영양소를 보충합니다.

사 라세니아는 항아리 같은 주머니 모양의 잎을 갖고 있는데 여기에 곤충이 떨어지면 분해하여 흡수해 잡아먹는 함정식 벌레잡이 식물이에요. 입구에는 곤충을 마취시키는 성분이 있어 한번 떨어지면 절대 도망갈 수 없지요. 잎은 30cm 정도의 길이에 입구는 지름 5~10cm 정도입니다. 겉에 그물코 모양의 보라색 무늬가 있어 마치 핏줄처럼 보이기도 해요. 게다가 꽃의 색이 분홍색이나 짙은 붉은색으로 얼핏 보면 피를 흘리고 있는 것 같아 무시무시한 모습이지만 관엽 식물로 인기가 많답니다. 최근 연구에 따르면 곤충뿐만 아니라 사람 손가락 크기의 새끼 도롱뇽까지도 먹을 수 있다고 해요. 도롱뇽 2마리가 함정에 빠져 분해되어 죽은 경우도 있었다고 하니 정말 무시무시하죠?

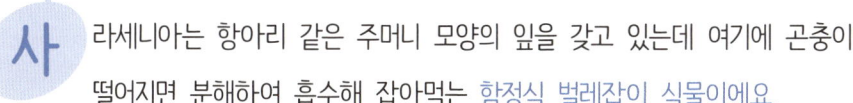

벌레잡이통풀에 빠지면 나올 수 없어!

| 벌레잡이풀과 | 덩굴성 벌레잡이 식물 | 강인함 ├──┤ 3 |

서식지 동남아시아

크기 길이 4~15m

메모 벌레잡이 주머니인 포충낭은 달린 위치에 따라 모양이 다르다. 뿌리 근처에 있는 것은 작지만 위쪽에 있는 것은 나팔 모양이 많다.

깨알지식 벌레잡이 주머니는 잎사귀 끄트머리가 부풀며 만들어집니다.

벌레잡이통풀은 잎 모양이 변해 만들어진 주머니를 이용해 곤충 등을 잡는 함정식 벌레잡이 식물로 유명하죠. 주머니 입구는 미끄럽고 안쪽으로 홈이 있어 한번 발이 빠진 곤충은 안쪽으로 빨려 들어갈 수밖에 없습니다. 또 주머니 안쪽 벽은 납 재질로 되어 있기 때문에 절대 밖으로 나올 수 없는 구조이죠. 주머니 안에는 소화액이 담겨 있어 곤충을 분해하고 영양분으로 흡수합니다. 벌레잡이통풀은 여러 품종이 있는데 그중 포충낭의 지름이 30cm나 되는 거대한 것도 있습니다. 곤충은 물론 쥐와 같은 작은 동물들도 한번 빠지면 절대 빠져나오지 못해요.

투명한 소화액이 담겨 있어요.

꿀샘이 있어 곤충과 동물을 유인해요.

쥐가 빠져도 빠져나오지 못해요.

통발과 벌레먹이말의
진공청소기 전략

통발

벌레먹이말

먹이를 빨아들이는 곳

번식아(영양분을 저장한 싹)

| 통발과 | 벌레잡이 식물 | 강인함  |

- 서식지: 전 세계 호수, 늪이나 습지
- 크기: 길이 10~20cm
- 메모: 꽃이 피지만 열매는 맺지 않는다.

깨알지식 가을이 끝나면 줄기와 잎은 말라 시들지만, 물속 잎은 동그랗게 변하며 물 밑바닥에서 겨울을 보냅니다.

통발은 물속에서 뿌리가 없이 자라며, 수면 위로 꽃대만 내놓고 있어요. 벌레를 잡는 주머니 모양의 수많은 포충낭은 물속에 잠겨 있는데, 평소에는 1~6mm 정도로 매우 작게 오므리고 있다가 먹이를 먹을 때가 되면 물속에서 부풀려 마치 진공청소기처럼 단번에 물을 빨아들입니다. 이때, 물과 함께 물속의 물벼룩, 진드기와 같은 작은 생물들도 함께 포충낭 속으로 빨려 들어가죠. 통발은 이런 놀라운 방법으로 손쉽게 생물을 잡아먹습니다. 같은 벌레잡이 식물인 벌레먹이말은 잎에 붙은 끈끈한 털로 벌레를 잡아먹는답니다.

통발 먹이를 빨아들이는 주머니

평상시

물과 먹이를 빨아들일 때

털에 생물이 닿으면 덮개가 열리며 물이 흘러 들어가요. 생물은 먹고 물은 내보내 다시 평소대로 돌아와요.

벌레먹이말 먹이를 잡는 잎

평상시

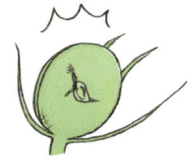

먹이를 먹을 때

같은 벌레잡이 식물이라도 곤충을 잡아먹는 방법이 다르다삐요!

99

파리지옥이 먹이를 구별하는 방법

끈끈이주걱과 | 벌레잡이 식물 | 강인함

- **서식지** 아메리카 대륙 습지
- **크기** 높이 20~30cm
- **메모** 잎이 땅 위를 기는 '로제트형'과 잎이 위를 향해 자라는 '직립형'이 있다.

깨알지식 잎을 만져 계속 움직이게 하면 식물이 금방 지쳐 약해지고 시들 수 있습니다.

파리지옥은 조개처럼 포개진 잎이 나 있어요. 잎사귀 주변에는 가시가 돋아 있으며, 안쪽에는 작은 털이 3개씩 나 있죠. 바로 이 털이 센서 역할을 해요. 곤충이 들어와 털을 두 번 건드리면 약 0.5초 만에 벌어진 잎이 닫히면서 주변의 가시가 안으로 구부러들어 마치 감옥의 쇠창살처럼 곤충을 가둡니다. 갇힌 파리 등의 곤충은 잎에서 분비되는 소화액으로 며칠에 걸쳐 천천히 분해되며 흡수되죠. 보통 일주일에서 열흘에 걸쳐 곤충을 소화한다고 해요.

파리지옥은 우리나라에서도 관상용 식물로 인기가 많습니다. 크기가 크지 않고, 화분에 심어서 키울 수도 있기 때문에 집에서 파리나 모기를 잡기 위해 키우는 경우도 많아요.

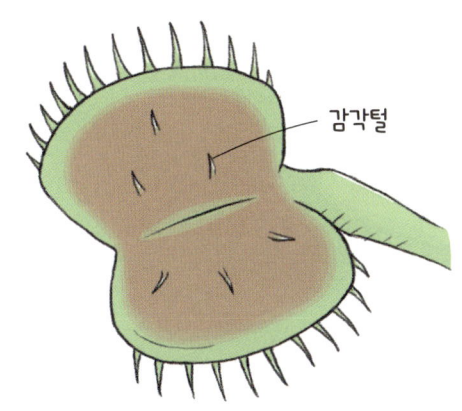

감각털

빗방울과 곤충이 건드리는 것을 구별하기 위해 감각털을 두 번 건드려야 잎을 닫아요.

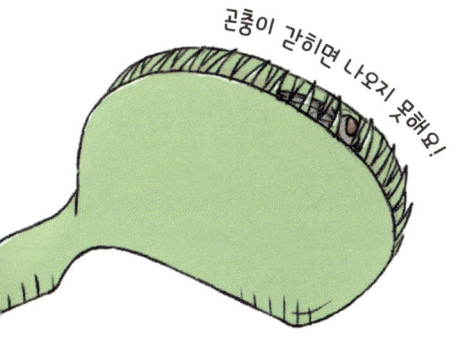

곤충이 갇히면 나오지 못해요!

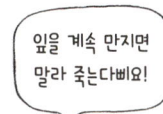

잎을 계속 만지면 말라 죽는다삐요!

미안하다!

벌레잡이제비꽃의 반전

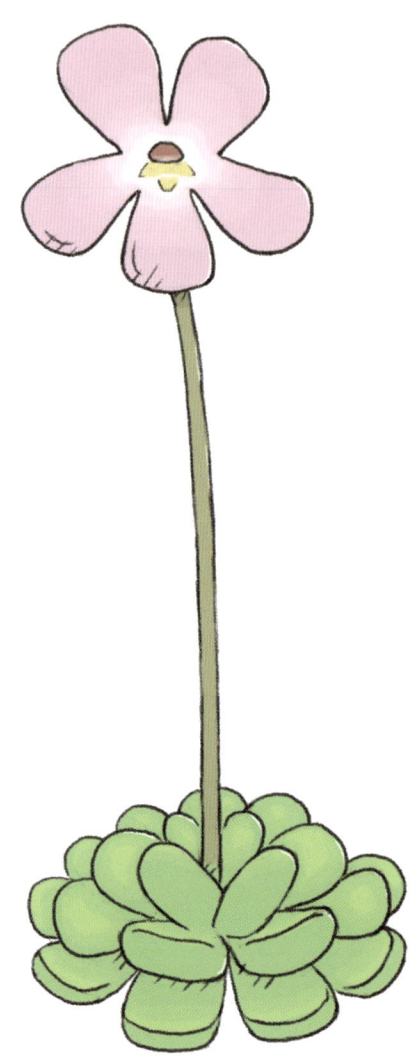

| 통발과 | 벌레잡이 식물 | 강인함 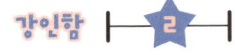 |

- **서식지** 북아메리카 대륙의 북서부, 고산 지대의 암벽
- **크기** 높이 5~15cm
- **메모** 비교적 더위에 강한 '북아메리카산' 품종과 더위에 약한 '멕시코산' 품종이 있다.

깨알지식 씨를 뿌려 키우는 것보다 잎꽂이나 포기 나누기로 번식시키는 것이 더 잘 자랍니다.

벌

벌레잡이제비꽃은 6월부터 8월에 제비꽃과 닮은 앙증맞은 보라색 또는 하얀색의 꽃을 피우고 벌레를 잡아먹기 때문에 이런 이름이 붙었어요.

벌레잡이제비꽃은 민들레처럼 뿌리 근처에서 잎이 둥근 로제트(장미) 모양으로 자랍니다. 그 잎사귀의 표면에는 끈끈한 점액 알갱이가 달린 가느다란 털이 덮여 있죠. 점액은 잎에 앉은 곤충을 꼼짝달싹하지 못하게 잡아 놓고 천천히 흡수하며 양분을 보충합니다.

조용히 곤충을 잡아먹는 무시무시한 성질과 다르게 벌레잡이제비꽃의 생김새는 귀여워 관상용으로 인기가 많습니다. 하지만 고산 지대의 습한 지역에서 서식하기 때문에 집에서 키우려면 꽤 많은 노력이 필요하답니다.

로제트 모양의 잎

꽃은 제비꽃과 비슷하게 생겼다비요!

잎 표면에 끈적한 점액이 있어 곤충이 앉으면 꼼짝할 수 없어요.

끈끈이주걱의 달콤한 유혹

| 끈끈이주걱과 | 벌레잡이 식물 | 강인함  |

- **서식지** 대한민국, 일본, 북아메리카 등 북반구의 높은 산이나 추운 곳
- **크기** 높이 6~20cm (1m가 넘는 것도 있다.)
- **메모** 말린 잎을 달여 마시면 기관지염이나 천식 등에 좋다.

깨알지식 영어 이름은 생김새를 따서 'Sundew'(태양의 이슬)입니다.

끈

끈이주걱은 무시무시한 생김새를 가진 벌레잡이 식물 중 가장 아름다운 모습으로 유명해요.

끈끈이주걱은 잎사귀 한쪽에 나 있는 선모(털) 끝에서 달콤한 향이 나는 끈적끈적한 점액을 뿜어냅니다. 이 점액이 끈끈이주걱의 무시무시한 무기이죠. 이 향에 취한 곤충들이 날아와 달라붙으면 선모와 잎이 곤충을 감싸듯 오므라들어 도망가지 못하게 가두어 버려요. 갇힌 곤충은 선모에서 분비되는 소화액에 의해 흐물흐물하게 녹아 껍데기만 남게 됩니다. 아름다운 겉모습에 속지 마세요! 곤충들에겐 아주 무시무시한 식물이랍니다.

으악! 못 움직이겠어!

무섭다! 도망간다!

다로는 잡아먹히지 않는다삐요!

꽃말 ② 어떤 뜻인지 알고 있나요?

해바라기 — 일편단심

수세미 — 여유, 소탈

수련 — 믿음

은행나무 — 장수

표고버섯 — 의심

강아지풀 — 동심

제 5 장

영리하게 번식하는 꾀돌이 식물들

나도수정초 는 바퀴벌레 덕분에 살 수 있어!

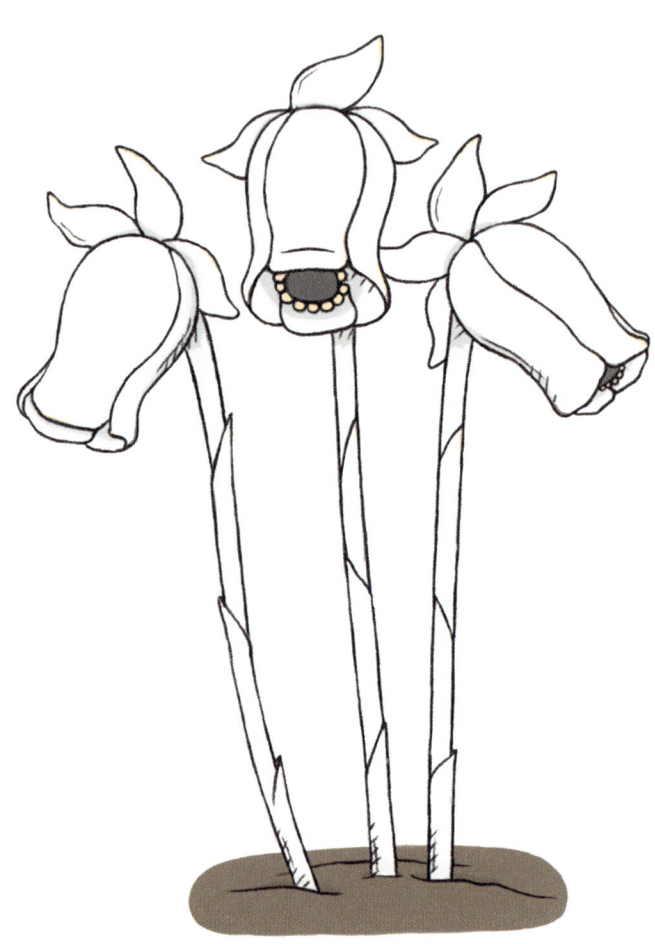

| 노루발과 | 여러해살이 식물 | 번식력 | ★2 |

- **서식지** 대한민국, 일본, 중국, 대만
- **크기** 높이 8~15cm
- **메모** 균이 없는 곳에서는 싹을 틔우지 않는다.

깨알지식 어두컴컴한 수풀 속에서 슬그머니 하얗게 자라나 '꼬마 유령'이라고 부르기도 합니다.

나

도수정초는 줄기, 잎, 꽃이 모두 흰색으로 마치 유령의 꽃 같아요. 그 이유는 엽록소가 없어 광합성을 하지 못해 스스로 영양분을 만들 수 없어서예요. 그래서 균류에서 영양분을 뺏어 살아간답니다. 나도수정초가 땅 위로 모습을 드러내는 건 꽃을 피우는 봄과 열매를 맺는 여름 약 두 달 정도로, 개체수가 적고 거의 눈에 띄지 않아 희귀 식물로 분류되어 보호받고 있어요. 나도수정초의 열매는 작고 단단한 씨앗이 가득 차 있습니다. 하지만 이 열매를 먹는 동물은 숲에 사는 산바퀴벌레뿐이에요. 산바퀴벌레는 나도수정초의 열매를 먹고 소화가 되지 않은 씨앗을 배설물과 함께 여기저기에 뿌려 나도수정초의 번식을 도와요.

나도수정초는 스스로 성장도, 번식도 하지 못하지만, 균류와 바퀴벌레의 힘을 빌려 번식하는 전략을 쓰는 거예요.

열매를 갉아 먹고,

씨를 배설물과 함께 뿌려 번식을 도와줘요.

빛이 없어도 자랄 수 있다!

다로는 빛이 있어야 자란다삐요!

스틸리디움 데빌레

꽃술대의 숨은 능력

| 스틸리디움과 | 여러해살이 식물 | 번식력 ⊢—⊣ ★3 |

- 서식지: 호주
- 크기: 높이 20~30cm
- 메모: 약 150종의 비슷한 종이 있고, 꽃의 색깔도 다양하다.

깨알지식 곤충을 감지하면 꽃술대를 빠르게 회전하여 꽃가루를 묻힙니다.

스틸리디움 데빌레는 봄부터 여름에 걸쳐 1~2cm 정도의 옅은 보라색 또는 분홍색의 귀여운 꽃을 피워요. 보통 꽃술대는 휘어져 잘 보이지 않는 곳에 있지만, 이 꽃은 수꽃술과 암꽃술이 하나로 된 꽃술대가 막대기처럼 솟아 있어요.

곤충이 꿀을 빨기 위해 스틸리디움 데빌레에 닿으면 꽃술대가 엄청난 속도로 회전하며 곤충의 몸에 부딪쳐요. 꽃술대에 부딪힌 곤충에게 꽃가루를 묻혀 확실하게 꽃가루를 운반하도록 하기 위해서죠. 꽃술대가 움직이는 속도는 0.1초로 식물 세계에서 최고로 빠른 속도라고 할 수 있습니다. 그래서 맨눈으로는 그 움직임을 보기 어렵다고 해요. 이런 움직임이 마치 방아쇠를 당기는 것처럼 보이기도 해서 '방아쇠 식물'이라는 별명으로 불리기도 한답니다.

흉내쟁이 꿀벌난초

| 난초과 | 여러해살이 식물 | 번식력 ⊢─┼─┤ 3 |

- 서식지: 유럽 서부
- 크기: 높이 30~50cm
- 메모: 거미를 닮은 거미난초도 있다.

깨알지식 꿀벌난초는 모양뿐만 아니라 향기로도 수컷 벌을 유인합니다.

꿀

벌난초는 4~5월에 걸쳐 분홍색 또는 보라색 꽃을 피웁니다. 꽃 아래쪽에 있는 입술 같은 부분은 암컷 호박벌과 매우 비슷한 모양과 색을 가지고 있어 수컷 벌을 유혹합니다. 지나가던 수컷 벌은 꿀벌난초를 암컷 벌로 착각하여 접근하고, 꽃가루를 몸에 묻혀 꽃가루받이를 돕죠.

난초는 가장 진화된 식물로 알려져 있으며 종류도 매우 다양합니다. 꿀벌난초가 암컷 벌 행세를 하는 것도 살아남기 위한 전략이에요. 꿀벌난초의 친구들 중에는 호박벌이 아닌 다른 종류의 암컷 벌 행세를 하기도 하고, 거미 행세를 하는 난초도 있답니다.

수컷 호박벌

앗! 암컷이다. 가자!

정말 벌 같다!

암컷 벌의 페로몬과 비슷한 성분을 내뿜어요.

개미에게 간식을 뿌리는 제비꽃

| 제비꽃과 | 여러해살이 식물 | 번식력  |

- **서식지** 대한민국, 중국, 일본 등 북반구의 온대 지역
- **크기** 높이 약 10cm
- **메모** 비슷한 종류가 많지만, 세세하게 구별하지 않고 제비꽃으로 통칭하는 경우가 많다.

깨알지식 제비꽃은 먹을 수도 있습니다. 잎은 튀기거나 데쳐서 먹고, 꽃은 초무침의 재료로 쓰입니다.

제비꽃은 봄에 길가에서 흔하게 볼 수 있는 꽃을 피우는 들풀 중 하나로, 짙은 보라색의 꽃을 피우죠.

꽃이 시들면 씨앗 주머니가 맺히는데, 안에 든 씨앗이 자라면 씨앗 주머니가 세 방향으로 터지며 씨앗이 밖으로 튕겨 나갑니다. 씨앗 한 알 한 알에는 유질체라고 하는 하얀 덩어리가 붙어 있습니다. 유질체는 개미 등의 곤충들이 아주 좋아하는 성분으로 지질과 단백질이 풍부하게 들어 있어 개미를 유인하는 역할을 하죠. 개미는 이 씨를 자신의 보금자리로 가지고 돌아가 유질체만 빼 먹고 씨는 밖에 버립니다. 버려진 씨앗은 새로운 곳에서 싹을 틔우며 번식하죠. 제비꽃은 개미에게 간식을 주는 대신 씨앗을 멀리 퍼트리는 전략을 쓰는 것이랍니다.

유질체

보금자리로 가지고 돌아가
유질체만 빼 먹고 씨는 버려요.

영차 영차

새만을 위한 **참빗살나무** 씨앗

노박덩굴과 | 갈잎떨기나무   번식력

- 서식지 : 대한민국, 일본, 중국
- 크기 : 높이 8m
- 메모 : 새싹은 산나물로 이용된다.

> **깨알지식** 참빗살나무는 단단하고 튼튼해서 예로부터 활의 재료로 이용되었습니다.

참

빗살나무는 5월에서 6월 사이에 옅은 초록색의 꽃을 피우는데, 꽃의 크기가 작아 눈에 그다지 잘 띄지 않아요. 하지만 10~11월이 되면 연분홍색의 열매가 열리는데 다 익으면 껍질이 4개로 갈라지고 안에서 새빨간 씨앗이 얼굴을 내밉니다.

빨간 씨앗은 먹음직스러워 보이지만, 절대 먹으면 안 돼요. 사람에게 독성이 되는 물질이 들어 있어 먹으면 구역질이나 설사를 할 수 있습니다.

하지만 새는 열매를 먹어도 아무렇지 않아요. 그래서 큰오색딱따구리나 동박새, 직박구리 등이 씨를 먹고 아무 데나 뱉어 번식을 도와준답니다. 참빗살나무는 붉은 열매나 씨앗, 잎이 예뻐 정원수나 분재로도 많이 이용되고 있어요. 하지만 눈으로만 감상하고 절대 먹지는 마세요!

열매와 씨

독

여러분, 씨는 먹으면 안 된다삐요!

난 먹어도 아무렇지 않아!

모두를 속이는 엽란의 위장술

땅 근처에 꽃이 핀다.

백합과 | 여러해살이 식물 | 번식력 ★2

- 서식지: 대한민국의 제주도, 거제도 등
- 크기: 길이 30~50cm
- 메모: 정원의 나무 밑에 많이 심고, 잎에 무늬가 있는 품종도 있다.

깨알지식 도시락 등에 장식으로 나오는 인조 잎사귀는 엽란의 모습을 본뜬 것입니다.

엽

란은 땅속줄기로, 줄기와 거대한 잎이 땅속 또는 땅 근처에서 늘어서며 자라죠. 잎사귀는 얇고 단단하며 윤기가 있어 음식을 담을 때 장식용으로 많이 사용되곤 합니다. 5월 무렵이 되면 땅과 아주 가까운 곳에서 보라색의 왕관 모양의 꽃이 펴요.

그동안 엽란의 꽃가루는 민달팽이가 옮기는 것으로 알려졌는데, 2017년에 버섯을 좋아하는 버섯 파리가 꽃가루를 옮긴다는 사실이 밝혀졌습니다. 땅에 파묻힌 것 같은 독특한 모양의 엽란 꽃이 버섯 행세를 하고 있었던 거예요. 꽃가루를 더 많이 퍼트리기 위한 위장술이나 다름없는 셈입니다.

엽란의 꽃

뿌리처럼 생긴 꽃이 폈다삐요!

복수초가 곤충을 부르는 방법

| 미나리아재비과 | 여러해살이 식물 | 번식력  |

- 서식지 대한민국
- 크기 길이 10~30cm
- 메모 행운을 가져다주는 식물로 인기 있다.

깨알지식 잎과 줄기, 뿌리에는 독성이 있으니 절대 먹으면 안 됩니다.

복

수초는 이른 봄에 피어 봄소식을 전하는 대표적인 봄꽃 중 하나입니다. 이른 봄에 노란색 꽃을 피운 후, 여름이 되면 땅 위로 나온 부분이 시들고 다음 해 봄까지 땅속에서 지내는데, 이런 식물을 초봄 식물 또는 봄살이 식물이라고 해요.

복수초의 꽃은 지름이 3~4cm 정도이며, 꽃잎의 표면에는 반짝반짝한 윤기가 흐릅니다. 그래서 햇빛이 반사되어 수꽃술과 암꽃술이 있는 꽃의 중심 부분으로 빛이 모이죠. 가운데 모인 햇빛은 꽃잎을 따뜻하게 만들어 꽃등에와 같은 곤충을 유인해 꽃가루받이를 할 수 있습니다. 복수초도 해바라기처럼 태양의 방향을 따라다니며 꽃이 피기 때문에 시간이 지나도 계속 꽃잎을 따뜻하게 유지할 수 있어요.

꽃등에
따뜻하다!

독

머위의 꽃줄기나 쑥과 비슷하게 생겼다삐요!

날이 흐리거나 비가 내려 햇빛이 없으면 꽃잎이 오므라들어요.

앉은부채는 스스로 열을 내는 난로?

| 천남성과 | 여러해살이 식물 | 번식력  |

- 서식지: 대한민국, 일본 등 동북아시아 및 북아메리카
- 크기: 길이 40cm
- 메모: 기온에 상관없이 꽃의 온도가 일정하게 유지되도록 열을 조절한다.

깨알지식 꽃에서 나는 냄새가 지독해 영어로는 '스컹크 배추(Skunk Cabbage)'라고 합니다.

앗

은부채는 1월 하순부터 3월 중순 사이에 꽃이 피는데, 이때 스스로 열을 뿜어낸답니다. 그래서 꽃이 모여 있는 주위는 추운 겨울에도 약 25℃까지 온도가 올라가요. 따뜻해진 온기로 주위의 눈이나 얼음을 녹여 다른 식물보다 한발 앞서 땅 위로 얼굴을 내밀 수 있죠. 아직 꽃이 핀 식물이 거의 없기 때문에 곤충을 독차지하며 꽃가루받이의 확률을 높일 수 있답니다. 스스로 난로가 되어 눈을 녹이는 식물이라니, 참 대단하죠? 앉은부채는 꽃의 형태도 특이한데, 굵은 꽃대에 작은 꽃들이 모여 피어나요. 이런 꽃을 '육수꽃차례'라고 하는데, 그 모습이 마치 가부좌를 튼 부처의 모습과 비슷해 앉은 부처라고 불리다가 앉은부채로 변했답니다. 꽃을 감싸고 있는 흙빛 잎은 꽃턱잎(포)이라고 하는데, 꽃봉오리를 에워싼 잎이 변한 것입니다.

알아 두세요!
맛있는 아보카도라도 새들에게는 맹독

아보카도는 중앙아메리카가 원산지인 녹나무과의 늘푸른큰키나무로, 11월부터 12월에 걸쳐 녹색의 커다란 열매를 맺습니다. 열매에는 영양소가 풍부해, '숲속의 버터'라고도 불리며 인기가 많죠.

사람에게는 아보카도가 맛있고 건강에도 좋은 과일이지만, 동물에게는 무서운 독이라는 걸 알고 있었나요? 아보카도에는 '퍼신'이라는 성분이 들어 있어요. 이 성분은 사람에게는 괜찮지만, 잉꼬나 앵무새, 문조 같은 새들에게는 치명적이에요. 퍼신을 소화할 수 있는 효소가 없어 먹으면 중독을 일으키고 최악의 경우 죽을 수도 있습니다. 실제로 아보카도를 요리할 때 나는 연기 때문에 키우던 잉꼬가 죽은 경우도 있다고 합니다.

새뿐만 아니라 강아지, 고양이 등의 동물에게도 위험하다고 하니 실수로 반려동물이 아보카도를 먹지 않도록 세심한 주의를 기울여야 하는 것, 잊지 마세요!

제 6 장

누구보다 강한 생명력을 가진 생존자

산불에도 끄떡없는 **소나무**의 강인함

건조하면 솔방울이 벌어진다.

팔랑팔랑

씨앗

소나무 (곰솔)

젖으면 솔방울이 오므라든다.

소 나무의 씨앗은 암꽃 속에 있어요. 전체적으로 달걀 모양인데, 솔방울의 중심축을 중심으로 나사 모양으로 늘어서 있죠. 소나무가 씨를 뿌리는 방법은 품종에 따라 다양한데, 적송이나 곰솔 품종은 건조해지면 솔방울이 갈라지며 씨앗이 떨어져 나와 바람을 타고 날아가 퍼집니다.

솔방울은 물에 닿으면 오므라들고 마르면 벌어지는 성질이 있어요. 캐나다나 미국에는 산불이 발생해 공기의 온도가 높아지고 건조해지면 솔방울이 벌어지며 땅 위로 씨앗을 뿌리는 '뱅크스 소나무'가 자라고 있습니다. 소나무의 번식력은 산불이 나도 끄떡없어요!

깨알지식 나무 껍데기에서 채취한 송진은 미끄럼을 방지하기 위해 현악기의 활에 바르기도 합니다.

방크스 소나무

산불로 건조해지면 벌어지며 씨앗이 떨어져요.

솔방울을 물에 넣으면 오므라든다삐요!

곰솔의 솔방울
크기 약 6cm

대왕송의 솔방울
크기 약 20cm

소나무 과 | 늘푸른나무

생명력

- 서식지: 대한민국 전역, 러시아, 캐나다, 호주, 뉴질랜드
- 크기: 높이 30~80m
- 메모: 우리가 먹는 '잣'은 소나무과 나무인 잣나무의 씨앗이다.

밟힐수록 더 강해지는 질경이

| 질경이과 | 여러해살이 식물 | 생명력 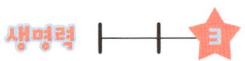 |

- 서식지: 대한민국 전 지역, 일본, 중국, 대만
- 크기: 높이 10~50cm
- 메모: 줄기를 꺾어 엮은 후 서로 잡아당겨 먼저 끊는 전통 놀이인 '질경이 씨름'을 할 수 있다.

깨알지식 질경이의 잎이나 씨앗은 기침약 등 약재로 쓰이며, 어린잎은 먹을 수 있습니다.

질경이는 높은 곳부터 평평한 곳에 이르기까지 들판이나 길가 등에서 흔히 자라는 잡초에 속하는 식물입니다. 특히 잡초 중에서도 밟힐수록 더욱 강해지는 특징을 가지고 있죠. 질경이의 잎은 부드럽지만 가장자리는 튼튼해 좀처럼 쉽게 찢어지지 않아요. 또 줄기 바깥쪽이 질기고 안은 스펀지처럼 탄력이 있고 유연해서 다른 잡초와 함께 밟히더라도 질경이만 살아남을 수 있는 거예요. 씨앗은 끈적끈적한 점막으로 덮여 있어 물에 젖으면 신발이나 자전거 타이어 등 이곳저곳에 들러붙어 이동합니다. 질경이의 입장에서는 밟히는 것이 오히려 번식을 위해 감사해야 할 일인 셈이죠.

모두 놀란 호장근의 강인함

호 장근은 산과 들에 무리를 지어 살아요. 어린줄기는 조림으로 먹고, 새싹은 생으로 먹기도 하는 식물이죠.

호장근은 땅속줄기를 뻗어 번식하는데, 땅 위로 싹이 나올 때 콘크리트나 아스팔트를 뚫고 나올 정도로 힘이 세고 번식력도 강합니다.

동아시아가 원산지이지만, 19세기 무렵 관상용으로 유럽과 미국으로 건너갔는데, 특히 영국에서는 천적이 없어 폭발적으로 증가하여 피해를 보기도 했답니다.

예쁘다고만 생각했던 식물인데, 이 정도로 강할 줄 아무도 몰랐을 거예요.

깨알지식 영국은 호장근의 무분별한 번식을 막기 위해 2010년 천적인 '큰팽나무이'라는 노린재를 들여왔습니다.

최대
150cm

키가 다로보다 더 크다삐요!

마디풀과 여러해살이 식물 생명력

- 서식지: 대한민국, 일본, 대만 및 중국
- 크기: 높이 30~150cm
- 메모: 뿌리줄기를 말린 것은 변비 등에 효과가 있는 약재로 사용된다.

큰금계국은 벌금을 내야 해!

큰 금계국은 5월부터 7월에 걸쳐 노란색의 꽃이 핍니다. 북아메리카가 원산지이고, 우리나라에는 1950년대에 관상용으로 들어왔어요. 큰금계국은 번식력이 매우 강해 우리나라 국립 생태원에서 외래 식물로 분류하고 관리가 필요한 식물이라고 발표했어요. 일본에서도 특정 교란 식물로 지정하고 재배나 판매, 이동을 원칙적으로 금지하고 개인이 큰금계국을 재배할 경우 약 3천만 원의 벌금 또는 3년 이하의 징역에 처한다고 합니다. 연약해 보이는 예쁜 꽃이지만, 우리나라 고유종이 자랄 기회를 빼앗기 때문에 키우면 안 돼요.

깨알지식 금계국, 기생초와 비슷하게 생겨 정확한 구별이 필요합니다.

큰금계국의 꽃

외래식물

만약 발견했다면 뿌리째 뽑아야 한다삐요!

통째로 뽑아 말린 후 버려야 한다.

국화과 여러해살이 식물   생명력 ├─┼─┤

- 서식지 북아메리카 원산지, 대한민국, 일본, 대만
- 크기 높이 30~60cm
- 메모 예전에는 드라이플라워로 인기가 많았다.

술붓꽃, 그늘이지만 문제 없어!

술붓꽃의 군락

'군락'은 같은 곳에서 떼를 지어 자라는 식물을 말해요.

뿌리는 서로 이어져 있어요.

| 붓꽃과 | 여러해살이 식물 | 생명력  |

- 서식지 중국, 일본
- 크기 높이 50~60cm
- 메모 술붓꽃은 씨앗이 없지만 꽃을 피울 수 있다.

깨알지식 술붓꽃은 품종이 200종이 넘습니다.

붓꽃은 습한 음지에서 무리를 지어 서식합니다. 4월에서 5월 무렵에 붓꽃과 비슷하게 생긴 하얀색의 꽃을 피워요.

술붓꽃의 번식력은 생각보다 매우 강해요. 땅속줄기와 땅 위를 기는 줄기를 통해 빠르게 퍼져 나가고 그늘에서도 매우 잘 자라기 때문에 정원에 심으면 순식간에 정원을 뒤덮어 다른 식물이 발을 붙이지 못할 정도로 자라죠. 심지어 그냥 뽑아서 던져만 놓아도 뿌리를 내리고 살 수 있다고 해요. 정원을 가꿀 때 술붓꽃이 퍼지지 않도록 항상 주의를 기울여야 해요!

술붓꽃의 꽃

술붓꽃은 그늘이 좋은가 보네삐요!

약? 무법자? 칡의 이중생활

원뿌리　뿌리는 약재로 사용돼요.

칡은 덩굴성 식물로 줄기가 다른 나무 등을 휘감으며 자라고 8월이 되면 빽빽하게 뭉친 보라색 꽃을 피웁니다. 땅속에 덩이뿌리를 드넓게 펼치며 자라기 때문에 마치 밧줄처럼 여기저기에 엉켜 있죠. 칡의 뿌리는 잘리더라도 새 줄기가 다시 빠르게 자라기 때문에 완전히 없애기가 힘들어요. 1876년 미국에서 칡을 재배하기 시작했지만 번식력이 왕성하고, 동물들도 먹지 않아 순식간에 미국의 숲이 칡덩굴로 뒤덮여 버린 사건이 있었어요. 그 후 '그린 몬스터'라는 별명으로 불리며 '전 세계 침략 외래종 워스트 100'에 오르기도 했답니다. 하지만 우리나라에서는 칡의 뿌리를 약재로 쓰고, 다양한 요리에도 사용한답니다.

> **깨알지식** 칡의 뿌리를 '갈근'이라고 하는데, 말린 갈근으로 만든 갈근탕은 감기에 효능이 있습니다.

칡의 꽃

칡의 씨앗

후루룩! 칡 냉면이 먹고 싶다삐요!

칡면도 맛있다!

| 콩과 | 덩굴성 여러해살이 식물 | 생명력 ★ |

- 서식지: 대한민국, 중국 등 온대 및 난대 지역
- 크기: 높이 10m 이상
- 메모: 칡에서 채취한 섬유로 옷이나 벽지 등을 만들기도 한다.

쇠뜨기는 절대 죽지 않아!

| 속새 과 | 양치식물 | 생명력  |

- 서식지: 대한민국, 중국, 일본 등 북반구의 난대~한대 지역
- 크기: 높이 30~40cm
- 메모: 편의상 쇠뜨기의 홀씨 줄기와 영양 줄기를 합쳐 '뱀밥'이라고 부르기도 한다.

깨알지식 말린 쇠뜨기는 소변이나 가래를 잘 나오게 하는 생약으로 사용하기도 합니다.

쇠

쇠뜨기는 산지나 밭, 둑, 길가 등에 무리 지어 번식합니다. 땅속줄기에서 땅 위로 줄기가 나오는데, 줄기는 영양 줄기와 홀씨 줄기로 나뉘어요. 이 영양 줄기를 쇠뜨기, 홀씨 줄기를 뱀밥이라고 부르죠.

뱀밥은 이른 봄에 자라 홀씨를 뿌린 뒤 시들고, 쇠뜨기가 고개를 내밀어요. 뱀밥은 봄의 산나물로 우리에게도 잘 알려져 있는데, 간장 조림이나 초무침 등으로 요리해 먹을 수 있답니다. 쇠뜨기 또한 조림으로 요리해 먹기도 하죠. 쇠뜨기는 번식력이 매우 강해서 뿌리까지 완벽하게 뽑지 않으면 금세 퍼져요. 땅 위로 나온 부분을 자르거나 태워도 땅속줄기에서 다시 자라나고, 제초제를 써도 다시 살아나는 천하무적이죠.

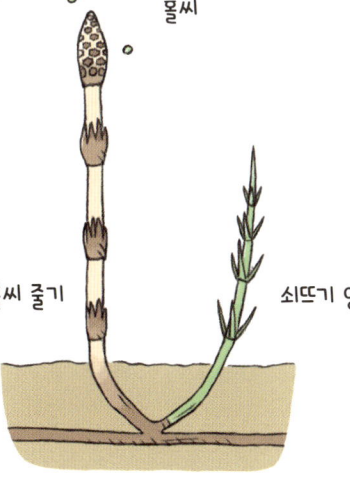

뱀밥 홀씨 줄기 / 쇠뜨기 영양 줄기

건조해져야 홀씨가 날아가요.

확대한 홀씨의 모습

뱀밥이 나온 후 쇠뜨기가 나온다삐요!

망초는 어떤 역경에도 굴하지 않아!

망 초는 전 세계의 길가나 황무지, 경작지 주변 등에서 흔히 볼 수 있는 식물입니다. 잎과 줄기에 털이 나 있으며, 여름부터 가을에 걸쳐 하얗고 작은 꽃을 피우죠. 망초는 우리가 잡초라고 부르는 식물 중 하나인데, 명성에 걸맞게 생명력이 아주 강해 아무리 제초제를 뿌려도 절대 죽지 않는답니다. 1980년대에는 '그라목손'으로 잘 알려진 강력한 제초제인 '파라과트'에도 살아남는 위력을 떨치기도 했어요. 그야말로 어떤 역경에도 굴하지 않는 식물이라고 할 수 있죠.

깨알지식 식량이 부족한 전쟁 전후에는 나물이나 튀김 등으로 먹기도 했다고 합니다.

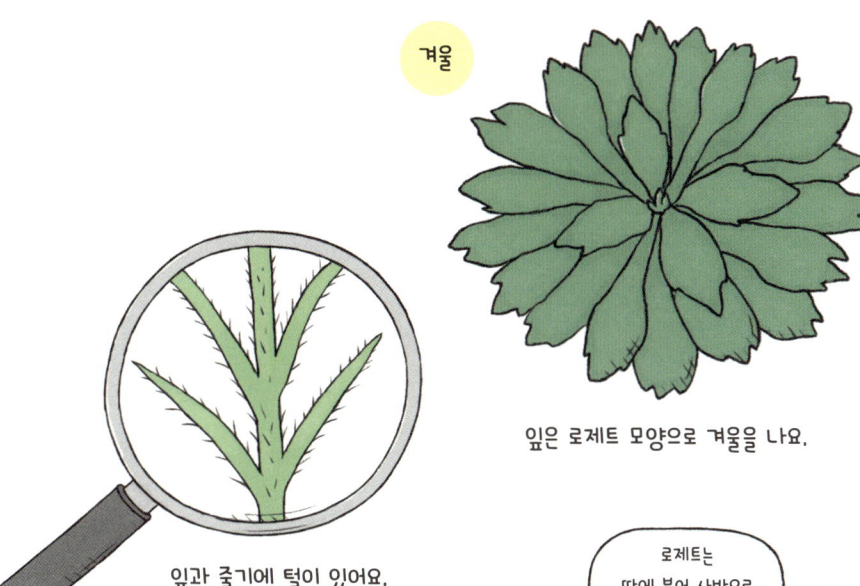

겨울

잎은 로제트 모양으로 겨울을 나요.

잎과 줄기에 털이 있어요.

로제트는 땅에 붙어 사방으로 잎이 뻗는 것이다삐요!

망초는 북아메리카가 원산지인 귀화 식물로, 우리나라에 19세기 개화기에 들어왔습니다. 을사늑약이 맺어지던 해에 망초가 전국에 급속도로 퍼졌다고 해요. 그 때문에 '나라를 망하게 하는 꽃'이라는 뜻의 이름이 붙었다고 합니다.

국화과 | 두해살이 또는 한해살이 식물 | 생명력

- 서식지: 북아메리카가 원산지
- 크기: 높이 약 1.5m
- 메모: 비슷한 종류로 줄기나 잎에 털이 없는 애기망초가 있다.

반전 매력 괭이밥

| 괭이밥과 | 여러해살이 식물 | 생명력  |

- **서식지** 전 세계의 농경지, 풀밭, 시가지
- **크기** 높이 10~30cm
- **메모** 괭이밥에는 옥살산 칼슘 성분이 들어 있어 동물이 많이 먹으면 중독될 수 있다.

깨알지식 잎이나 줄기의 옥살산 칼슘 성분 때문에 씹으면 시큼한 맛이 납니다.

괭이밥

괭이밥은 밭이나 길가의 납작한 돌 틈에서 흔히 볼 수 있는 친숙한 식물입니다. 5월부터 6월에 지름이 8mm 정도 되는 작은 노란색 꽃이 피죠. 밤이 되면 하트 모양의 잎사귀가 뾰족한 끝을 한데 모은 듯한 형태로 오므라듭니다. 이때 마치 잎사귀 한쪽이 빠진 것처럼 보이는데, 고양이가 잎사귀를 뜯어 먹은 모습과 닮았다고 해서 괭이밥이라는 이름이 붙었습니다. 작고 연약해 보이는 모습과는 반대로 괭이밥은 번식력이 아주 강하답니다. 땅속에 알뿌리가 있고 그 밑에 무처럼 뿌리를 내려 땅 표면에 기는줄기가 뻗어 나가죠. 무더위와 건조한 날씨에도 강하기 때문에 한여름이 되어도 끄떡없답니다.

낮 / 괭이밥 / 밤
잎이 오므라들어요.

클로버
클로버 잎과 비슷하게 생겨 착각하는 경우가 많지만 자세히 보면 잎의 모양이 전혀 달라요.

괭이밥을 씹으면 시큼한 맛이 난다삐요!

정답을 맞혀 봐! 그림자 퀴즈 2

망태말뚝버섯

⭐A ~ ⭐E 중 보기와 같은 그림자는 어느 것일까요?

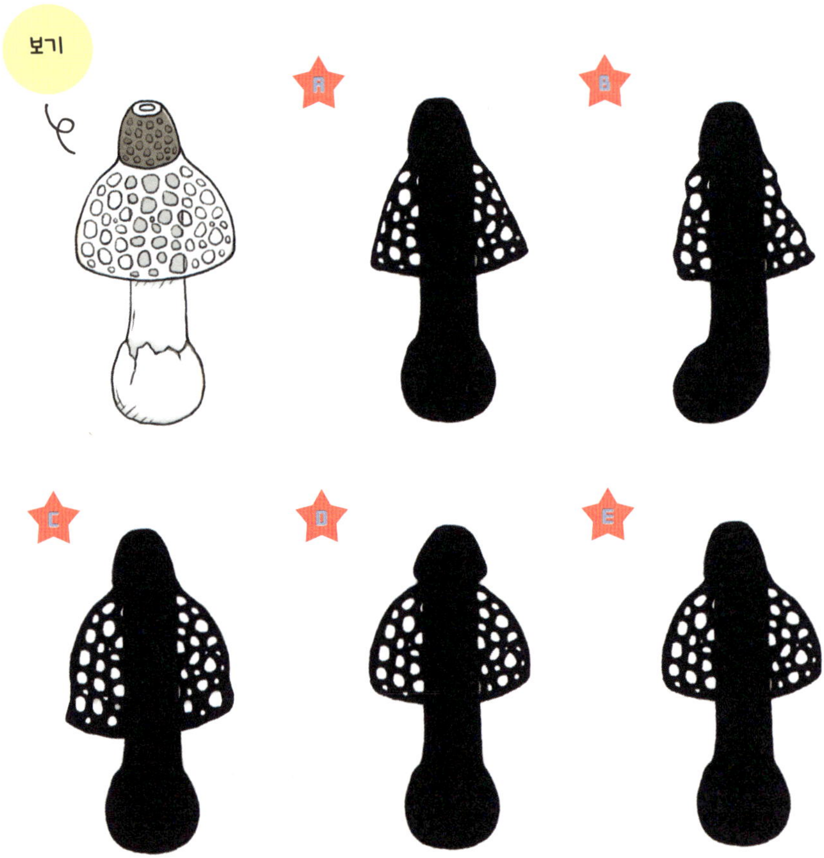

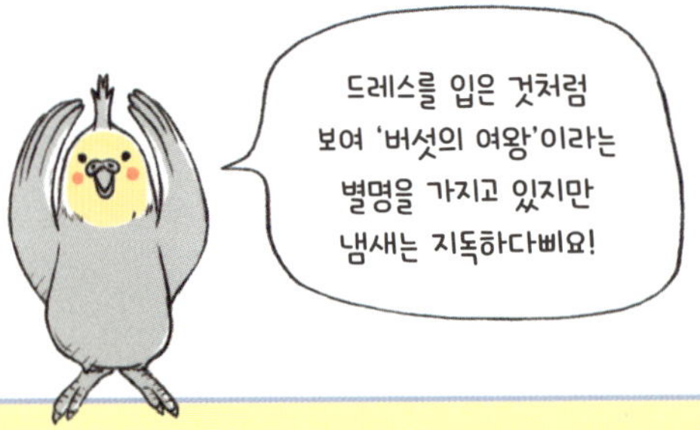

보기

드레스를 입은 것처럼 보여 '버섯의 여왕'이라는 별명을 가지고 있지만 냄새는 지독하다삐요!

정답 : E

더 알고 싶다면!

기이하게 자라는 균류

*균류는 버섯, 곰팡이, 세균 등 포자로 번식하는 생물입니다.

화경버섯은 야광 버섯?

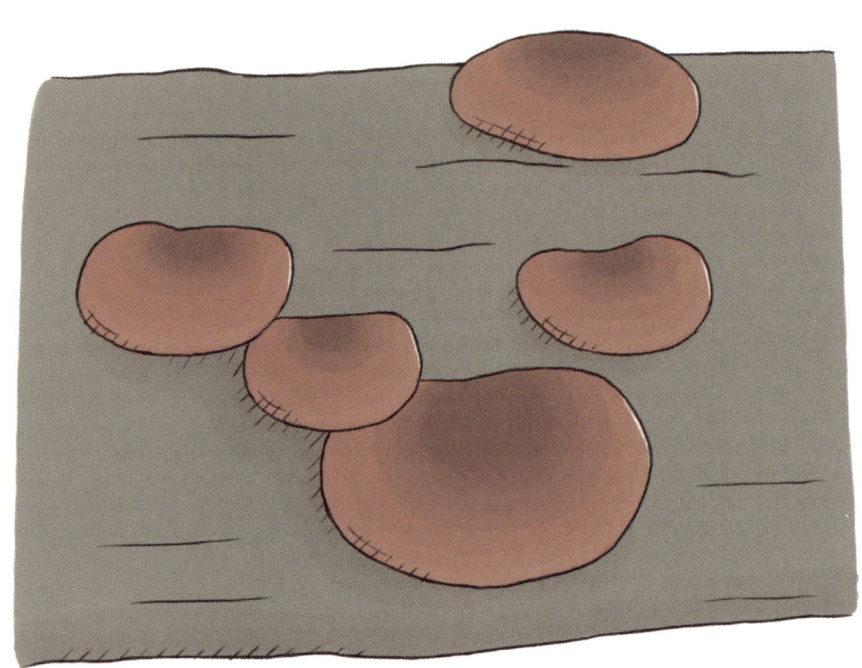

빛나는 이유는 곤충을 유인해 홀씨를 뿌리기 위해서라고 해요.

낙엽버섯과　　　　　　　　　　　신비함 |—★—|

- 서식지　대한민국(가야산, 지리산), 일본
- 크기　　갓갓의 크기 6~25cm
- 메모　　느타리버섯과 비슷하게 생겨 종종 중독 사고를 일으키기도 한다.

> 깨알지식　화경버섯은 여름 끝 무렵부터 가을까지, 느타리버섯은 가을부터 봄까지 볼 수 있습니다.

화

경버섯은 밤나무와 참나무 같은 활엽수 숲에서 흔히 볼 수 있습니다. 쓰러진 밤나무나 잘린 그루터기 근처에 모여 살고, 표고버섯이나 느타리버섯과 매우 비슷하게 생겼죠. 하지만 화경버섯에는 독성이 있어 잘못 먹으면 설사나 구토 등의 중독 증상이 나타날 수 있으니 조심해야 해요. 가장 신기한 점은 이름 그대로 밤이 되면 주름 부분에서 은은하게 빛이 난다는 것이에요. 이유는 밝혀지지 않았지만 빛으로 곤충을 유인해 홀씨를 퍼트리기 위해서라고 여겨요. 이런 신기한 능력 때문인지 버섯류 중 유일하게 멸종 위기 생물로 지정되어 보호받고 있답니다.

마귀곰보버섯의
치명적 독을 먹는 방법

안장버섯과　　　　　　　　　　　신비함

- **서식지** 대한민국, 일본, 중국, 북아메리카 등
- **크기** 높이 5~12cm
- **메모** 마귀곰보버섯보다 3배 많은 양의 물에 5분 이상 삶은 후 씻어 낸다. 그다음 다시 한번 새로운 물에 5분 이상 삶아야 독을 제거할 수 있다.

깨알지식 치명적인 독이 있지만 핀란드에서는 식용으로 판매하고 있습니다.

마 귀곰보버섯은 북반구의 온대 지역보다 북쪽에 분포하며, 소나무와 잣나무 같은 침엽수의 뿌리 주변에서 볼 수 있는 버섯이에요.

마치 사람의 뇌처럼 울퉁불퉁한 주름이 있고, 적갈색이나 황갈색의 괴상한 색을 띠고 있어 엄청난 독을 가지고 있는 것처럼 보이죠? 마귀곰보버섯은 유독 성분인 '자이로미트린' 등을 함유하고 있어 날로 먹으면 목숨을 잃을 정도로 위험합니다. 하지만 먹거리로 팔리기도 해요. 물에 삶으면 독성을 제거할 수 있지만 독성이 우리 위장과 신경에 치명적이기 때문에 많은 양의 물로 여러 차례 삶아 독성을 완벽히 빼낸 후 먹어야 한답니다.

핀란드에서는 말린 버섯에 경고문을 붙여 판매하고 있어요.

확실하게 독을 빼지 않으면 위험하다삐요!

외계인일지도 몰라!
바다말미잘버섯

말뚝버섯 과   신비함 |—|—| 3

- 서식지 호주
- 크기   높이 10~20cm
- 메모   버섯류는 광합성을 하지 않고, 다른 식물이나 마른 잎 등의 영양분을 빼앗아 성장한다.

깨알지식 썩은 고기 냄새가 나지만 기름에 튀기면 생선과 비슷한 맛이 난다고 합니다.

바

다말미잘버섯은 말뚝버섯과 버섯의 한 종류로 엄밀히 말하면 식물이 아니라 균류입니다. 이름 그대로 섬뜩한 붉은색의 '말미잘 촉수'와 비슷한 모양새를 하고 있죠. 이런 생김새 때문에 '악마의 손가락'이라는 별명이 붙기도 했습니다.

바다말미잘버섯은 하얀 알에서 부화하는 것처럼 싹을 틔워 자랍니다. 알은 포자를 만들기 위한 세포 덩어리라고 해요. 그 모습이 마치 외계인이 태어나는 것처럼 보이기도 하죠. 자랄 때 썩은 고기 같은 역겨운 냄새를 풍겨요. 이 냄새는 사람이 맡으면 고약하고 참을 수 없지만 홀씨를 운반하는 파리를 불러 모으는 데는 최고의 냄새랍니다.

바다말미잘버섯의 성장 과정

몇 시간이 지나면 부서져요.

흰색 알 상태

냄새가 지독하다!

애벌레의 몸이 동충하초의 집

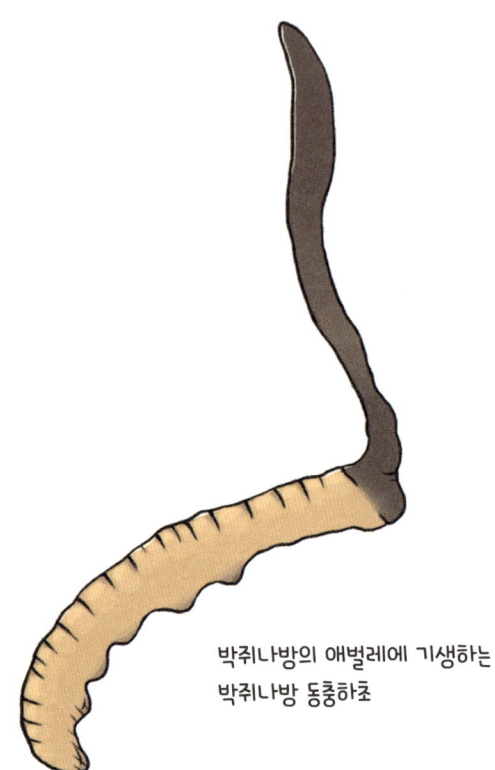

박쥐나방의 애벌레에 기생하는 박쥐나방 동충하초

동충하초는 한의원에서 쓰이는 약재의 이름으로 더 익숙하죠? 생김새는 식물 같지만 버섯의 한 종류입니다. 티베트 등에서 서식하는 박쥐나방 애벌레의 몸에서 기생하죠. 여름에 박쥐나방이 땅에 알을 낳고, 부화한 애벌레가 흙 속으로 기어들어 갈 때, 동충하초의 균에 감염되면 애벌레의 몸속에서 균이 번식하기 시작해요. 그럼 동충하초는 죽은 애벌레를 양분 삼아 땅 위로 자라납니다. 땅을 파 보면 애벌레의 몸 안이 균사로 가득 차 있는 모습을 볼 수 있어요. 이런 모습 때문에 옛날 티베트 사람은 '겨울에는 곤충, 여름에는 풀이 된다.'는 뜻으로 동충하초라는 이름을 지었다고 합니다. 동충하초는 먹거리뿐만 아니라, 한방약에서도 진귀한 약재로 사랑받고 있어요.

> **깨알지식** 동충하초를 인공 재배하는 기술도 발달하였습니다.

각종 나방의 번데기에 기생하는
번데기 동충하초

씽씽매미에 붙어 기생하는
매미 동충하초

동충하초는 종류가 엄청 많다삐요!

동충하초과

신비함 ├─┼─┤ 3

- **서식지** 티베트, 중국의 청해성, 사천성 등
- **크기** 길이 3~10cm
- **메모** 애벌레에 기생하는 '매미 동충하초'나 '번데기 동충하초' 등의 균류도 동충하초라고 불린다.

머릿속으로 괴물의 모습을 한번 상상해 보세요. 여러분은 어떤 모습의 괴물을 떠올렸나요? 자, 제가 떠올린 괴물의 모습과 비교해 볼까요? 눈이 3개인가요? 아뇨. 제가 생각한 괴물은 눈이 없습니다.
그렇다면 날카로운 어금니를 가지고 있을까요? 아뇨. 코도, 입도 없어요. 그럼 음식을 어떻게 먹죠?
신기하게도 이 괴물은 촉수를 뻗어 땅속의 영양분을 마구 먹어 댄답니다. 아주 작은 캡슐 같은 곳에서 나왔지만 건물보다 거대하게 성장하기도 하죠. 몇 천 년 동안 살 수 있기도 하고, 몸의 일부가 잘려도 끝임없이 되살아나는 불사신 같기도 합니다. 무시무시하지 않나요? 이런 괴물이 실제로 존재한다면 어떨까요?

사실, 이 괴상하고도 멋진 괴물은 바로 우리 곁에 있습니다.

눈치챘다고요? 맞아요. 이 괴물의 존재는 바로 식물입니다.

우리 지구에는 식물들이 셀 수도 없이 많습니다.

지금 바로 고개를 돌리면 보이는 화분 위 화초도 식물이고, 우리가 먹는 쌀이나 채소도 식물이죠. 한번 생각해 보세요. 식물이 얼마나 기묘하고도 멋진 생명체인지 말이에요.

그럼 이제 책을 덮고, 이렇게 신비로운 식물들을 찾아 모험을 떠나 봅시다. 책은 여기서 끝나지만,

우리의 신나는 모험은

이제부터 시작입니다!

웅진주니어

상상 초월 식물 능력 도감

초판 1쇄 발행 2023년 2월 24일 | **초판 2쇄 발행** 2023년 6월 21일
글 이시이 히데오 | **그림** 시모마 아야에 | **감수** 이나가키 히데히로 | **옮김** 김현정
발행인 이재진 | **편집장** 안경숙 | **편집** 심다혜, 윤정원 | **디자인** 나윤지
마케팅 정지운, 박현아, 원숙영, 신희용, 김지윤 | **제작** 신홍섭 | **국제업무** 장민경, 오지나
펴낸곳 (주)웅진씽크빅 | **주소** 경기도 파주시 회동길 20 (우)10881
문의전화 031)956-7403(편집), 031)956-7069, 7569(마케팅)
홈페이지 www.wjjunior.co.kr | **블로그** blog.naver.com/wj_junior
페이스북 facebook.com/wjbook | **트위터** @wjbooks | **인스타그램** @woongjin_junior
출판신고 1980년 3월 29일 제406-2007-00046호
원제 ほんとうはびっくりな植物図鑑 | **한국어판 출판권** ⓒ웅진씽크빅, 2023 | **제조국** 대한민국
ISBN 978-89-01-26929-0 · 978-89-01-24175-3(세트)

HONTOU WA BIKKURI NA SHOKUBUTSU ZUKAN
Copyright ⓒAyae Shimoma
Supervised by Hidehiro Inagaki
All rights reserved.

No part of this book may be used or reproduced in any manner whatsoever without written permission
except in the case of brief quotations embodied in critical articles and reviews.

Originally published in Japan in 2021 by SB Creative Corp.
Korean Translation Copyright ⓒ 2023 by WOONGJIN THINKBIG CO., LTD.
Korean edition is published by arrangement with SB Creative Corp., through BC Agency.

웅진주니어는 (주)웅진씽크빅의 유아·아동·청소년 도서 브랜드입니다.
이 책의 한국어판 저작권은 BC 에이전시를 통한 저작권자와의 독점 계약으로 (주)웅진씽크빅에 있습니다.
저작권법에 의하여 한국 내에서 보호를 받는 저작물이므로 무단 전재 및 복제를 금합니다.

*잘못 만들어진 책은 바꾸어 드립니다.
⚠️주의 1. 책 모서리가 날카로워 다칠 수 있으니 사람을 향해 던지거나 떨어뜨리지 마십시오.
　　　2. 보관 시 직사광선이나 습기 찬 곳은 피해 주십시오.